우리가 더 당당해지는 외침,
인권을 말해요

이슈 토론 생각을 넓혀라_1
우리가 더 당당해지는 외침, 인권을 말해요

초판 1쇄 인쇄 2023년 9월 19일
초판 1쇄 발행 2023년 9월 27일

글   양서윤
그림   우지현

펴낸곳 도서출판 개암나무(주)
펴낸이 김보경
경영관리 총괄 김수현   **경영관리** 배정은 조영재
편집 조원선 오누리 김소희   **디자인** 이은주   **마케팅** 김유정
출판등록 2006년 6월 16일 제22-2944호

주소 서울특별시 용산구 한남대로40길 19, 4층(한남동, JD빌딩) (우)04417
전화 (02)6254-0601, 6207-0603   **팩스** (02)6254-0602   **E-mail** gaeam@gaeamnamu.co.kr
개암나무 블로그 http://blog.naver.com/gaeamnamu   **개암나무 카페** http://cafe.naver.com/gaeam

ⓒ 양서윤, 우지현 2023
이 책의 저작권은 저자에게 있습니다.
저자와 출판사의 허락 없이 내용의 일부를 인용하거나 발췌하는 것을 금합니다.

ISBN 978-89-6830-780-5 74300
ISBN 978-89-6830-778-2 74300 (세트)

품명 아동 도서 | **제조년월** 2023년 9월 27일 | **사용연령** 11세 이상
제조자명 개암나무(주) | **제조국명** 대한민국 | **전화번호** 02-6254-0601
주소 서울특별시 용산구 한남대로40길 19, 4층(한남동, JD빌딩)

💬 **이슈 토론** 생각을 넓혀라_1

우리가 더 당당해지는 외침, 인권을 말해요

양서윤 글   우지현 그림

개암나무

작가의 말

누구나 학교에서 토론을 해 봤을 거예요. 새로운 규칙을 만들거나, 학급 회의에 참여하거나, 혹은 대표로 토론하는 친구를 지켜본 적이 있을지도 몰라요.

토론이 생각보다 어려웠다고요? 당연해요. 어른들도 괜히 멋지게 말하려다 뒤죽박죽 이야기하기도 하거든요. 하지만 조금만 노력하면 누구나 토론을 잘하게 돼요. 그 방법도 간단하답니다. 토론은 이기고 지는 싸움이 아니란 점을 기억하고, 상대방의 말을 듣고 난 뒤 내 생각을 차근차근 전하면 돼요.

이 책에는 인권에 대해 토론하는 아이들이 등장해요. 인권은 인간의 존엄성과 자유를 뜻하는 말이에요. 조금 멀게 느껴지지만, 여러분은 알게 모르게 인권 이야기를 해 왔어요. 어린이의 출입을 금지하는 노키즈존, 부모님이 내 동의 없이 SNS에 올린 사진, 몰래 녹음하는 통화 내용……. 이처럼 인권과 관련된 일은 우리 주변에 무척 많답니다.

이런 내용에 대해선 여러분도 한마디씩 말할 수 있지요? 그것이 바로 토론의 시작입니다. 토론에 조금만 익숙해지면 친구들과 자기 입장에 대해 이야기 나누는 시간이 재밌어져요. 신기하게도 각자 다른 의견을 주고받다 보면 생각이 더욱 깊어지지요.

자, 그럼 지금부터 이 책에서 와글와글 토론하는 친구들을 직접 만나 볼까요? 책장을 덮고 나면 아마도 친구들과 신나게 의견을 주고받고 싶어질 거예요.

양서윤

- 차례

- 작가의 말　4

  범죄 가해자 신상, 공개해도 될까?　·8

  다수결은 언제나 옳을까?　·25

  난민, 무조건 받아 줘야 할까?　·37

  인터넷 뉴스 댓글 창, 없애는 게 맞을까?　·48

수술실에 CCTV가 필요할까? • 62

상대방에게 알리지 않은 통화 녹음은 막아야 할까? • 73

부모 마음대로 자녀의 사진을 인터넷에 올려도 될까? • 84

노키즈존, 꼭 필요할까? • 99

범죄 가해자 신상, 공개해도 될까?

오늘도 민주초등학교 6학년 1반 교실은 아침부터 시끄럽다.

"유나야, 너 뉴스 봤어? 연쇄 살인범 현재 얼굴 공개되었잖아!"

서준이는 교실에 들어오자마자 유나에게 달려갔다.

"응, 지금 모습이 증명사진이랑 달라서 깜짝 놀랐어."

유나는 동그란 눈을 크게 떴다.

"너 그 사람 옛날 증명사진 공개되었을 때 잘생겼다고 했잖아. 맞지?"

"내가 언제 그랬어?"

유나가 말도 안 된다며 펄쩍 뛰었다.

"너 아닌가? 누가 그랬는데. 아무튼 증명사진이랑은 딴 사람 같더라. 길에서 마주쳐도 못 알아보겠어."

옆에서 듣던 주원이가 코를 실룩거렸다.

"난 아직 못 봤는데…… 대체 얼마나 다르길래 그래?"

아직 그 사람의 얼굴을 잘 모르는 아이들이 웅성거렸다.

"6학년 1반 여러분. 왜 이렇게 소란스럽죠?"

그때 최공평 선생님이 교실로 들어오셨다.

"방금 공개된 연쇄 살인범의 사진 이야기를 하고 있었어요."

"맞아요. 연쇄 살인범의 현재 모습이 공개되었습니다."

아직 스마트폰을 끄지 않은 아이들은 각자 사진을 찾아보았다.

"어, 며칠 전 공개된 증명사진이랑 완전히 달라!"

경찰에게 연행되는 범인의 모습은 수정된 증명사진과 딴판이었다.

"눈도 너무 날카롭고 무서워 보여. 증명사진은 조작이었나 봐."

서준이의 짝인 리아는 증명사진과 다른 사람처럼 보이는 모습에 고개를 갸웃거렸다.

"여러분, 최근 공개된 사진은 피의자의 이력서 사진이었습니다. 하지만 현재 모습과 너무 달라 알아보기 어렵다는 의견에 경찰이 실제 얼굴을 공개했습니다."

선생님은 아이들을 둘러보셨다.

"우리나라는 아주 특별한 경우를 제외하고는 유죄가 선고되기

> **용어 정리**
>
> **피의자:** 죄를 범한 혐의로 수사 기관의 수사 대상인 사람. 범죄 조사를 받는 상태로 아직 공소가 제기되지 않은 자를 말해요.
>
> **피고인:** 검사의 기소에 의하여 형사책임을 져야 할 자로, 공소가 제기된 사람. 피해자로부터 고소를 당하여 형사 재판을 받는 사람을 가리켜요.
>
> **범죄자:** 대한민국 내에서 형사소송 절차에 따라 법원의 유죄 판결이 확정된 사람을 말해요.

전에 피의자의 얼굴을 공개하지 않습니다. 무죄 추정의 원칙 때문이죠. 하지만 이번에는 국민의 알 권리와 범죄 예방 효과를 위해 신상 공개를 결정했습니다."

"왜 모든 피의자의 얼굴을 공개하지 않죠? 얼굴을 알아야 우리가 피해 다니잖아요."

선생님의 설명에 유나가 고개를 갸웃했다.

"만약 얼굴을 공개했는데, 무죄면 어떡해? 경찰에 잡혔다고 다 범인은 아니잖아. 넌 드라마도 안 보냐?"

서준이가 핀잔을 주었다.

"피의자 얼굴 공개는 현재 사회적으로 여러 의견이 오가는 문제예요. 2023년 6월 18일 정부와 여당은 중대범죄를 저지른 자의 신상 공개 범위를 넓히는 특별법을 추진하기로 했어요. 이 특별법에는 피의자뿐 아니라 피고인의 신상 공개도 가능하며, 현재 인상착의도 담을 예정이지요. 반대로 헌법재판소는 피의자 신상 공개 제도가 위헌 소지가 있다며 심리 중인데요. 우리 반 전체가 이 문제에 대해 토론해 볼까요?"

선생님은 눈동자를 반짝이는 반 아이들을 둘러보셨다.

"네, 좋아요."

재미있을 것 같다는 의견이 여기저기서 터져 나왔다.

"어…… 저는 이런 이야기를 오늘 처음 들었는데요……."

리아는 범죄 관련 용어가 낯설고 어렵다며 말끝을 흐렸다.

"좋습니다. 먼저 관련 동영상을 보여 줄게요. 그리고 토론을 준비할 때는 특별히 스마트폰 사용을 허락하죠."

"우아! 진짜요?"

6학년 1반 전체가 동시에 소리쳤다.

교실에서 스마트폰을 꺼야 하는 규칙을 잠시 없애 준다니, 반 전체가 난리가 났다.

"그럼 먼저 화면의 기사를 볼까요?"

아이들이 자리에 앉자 선생님은 너튜브 동영상을 클릭했다.

무죄 추정의 원칙

유죄 판결이 확정될 때까지 헌법에 따라 피의자와 피고인을 죄가 없다고 여기는 제도예요. 개인이 경찰이나 검찰 등 공권력보다 약하므로 판결 확정 전 있을 수 있는 불이익에 대해 제대로 방어할 수 있도록 도와주기 위한 제도지요.

토론을 시작하기 전에!

피의자의 신상 공개, 확대해야 한다!

전 남편을 살해한 용의자가 머리카락으로 얼굴을 덮고 고개를 숙여 피의자 신상 공개 결정을 무력화하자 경찰은 머그샷 공개를 검토했습니다.

신상 공개 결정되자 얼굴 가려 버린 용의자!

한국인 판사 부부가 괌 여행 중 아이를 차 안에 방치했다가 머그샷이 공개된 사례처럼, 무죄 추정의 원칙을 채택한 국가 가운데도 신상 공개 제도를 시행하는 나라가 많습니다.

한국인 판사 부부 괌에서 머그샷 공개돼

범행 직후 도주한 피의자 검거를 위해 수배 제도도 운용하고 있습니다. 이 제도 또한 법원에서 확정 판결이 나기 전 단계에서 시행하는 것입니다. 따라서 무죄 추정의 원칙 때문에 신상 공개 제도를 시행할 수 없다는 건 무리한 주장입니다.

신상 공개 제도 폭넓게 운용

피의자의 신상 공개, 보완해야 한다!

'신상 공개'라는 형벌은 없지만, 사실 '거명하고 창피 주기(naming & shaming)'는 유엔 등 국제 사회가 가장 활발하게 쓰는 무기입니다. 창피를 줘서 죗값의 일부라도 치르게 하자는 취지도 이해가 가지 않는 건 아닙니다.

'거명하고 창피 주기'는 국제적인 방식

그러나 신상 공개 제도를 지금처럼 운용하는 건 문제입니다. '범행이 잔인하고 중대한 피해가 발생한 강력범죄 사건'이라는 현재의 신상 공개 기준 자체가 모호합니다.

그러나 신상 공개의 기준 모호해

가해자 신상을 공개하라는 여론만 신경 쓸 것이 아니라, 보다 구체적이고 명확한 기준을 논의해야 할 때입니다.

명확한 기준 마련이 시급

피의자 신상 공개에 대한 여러 뉴스를 살펴보고 나자, 교실은 쥐 죽은 듯 조용했다. 어렵고 낯선 내용이라 서로 쳐다보기만 했다.

"쉽지 않은 문제지만 서로의 생각을 이야기해 봅시다. 토론은 근거를 들어 자신의 의견을 이야기하고, 더 깊이 생각해 보는 시간이에요. 어려운 부분은 선생님이 도와줄 테니 걱정 말고, 지금부터 스마트폰으로 관련 내용을 검색해 자기 주장에 근거가 될 만한 자료를 찾아보죠."

최공평 선생님이 싱긋 웃으셨다.

"좋아요, 전 벌써 제 입장을 결정했어요."

그때 유나가 자신 있는 목소리로 대답했다.

"응, 나도."

"저도요."

아이들이 하나둘 대답하며 반 전체가 자연스럽게 두 그룹으로 나뉘었다.

"좋아. 그럼 시간을 좀 더 줄 테니 의견이 맞는 사람끼리 모여 준비하고 함께 토론해 보자."

아이들이 스마트폰 위에서 손가락을 부지런히 움직이기 시작했다.

잠시 후 최공평 선생님이 엄숙하게 말하셨다.

"어때, 다들 토론을 시작할 준비됐니?"

"네, 뉴스를 잘 안 봐서 몰랐는데 흉악 범죄가 너무 많아 깜짝 놀랐어요."

유나 뒤에 앉은 주원이가 한숨을 쉬었다.

"주원이 말이 맞아. 잔인한 수법의 범죄는 나날이 늘고 있단다. 과연 가해자의 신상을 지금보다 적극적으로 공개해야 할지 논의해 볼까?"

"네!"

6학년 1반 아이들이 다 함께 우렁차게 외쳤다.

"그럼 서준이가 먼저 말해 볼까?"

선생님은 가장 먼저 이 이야기를 꺼낸 서준이를 보았다.

"저는 가해자의 증명사진과 실제 얼굴이 다르다는 사실에 놀랐습니다. 하지만 여전히 피의자 신상 공개는 반대합니다."

서준이는 단호하게 말했다.

"어째서 그렇게 생각하는지 근거를 들어 볼까?"

선생님이 차분하게 토론을 진행하셨다.

"네, 선생님. 신상이 공개된 사람과 닮은 사람이 있을 수 있기 때문입니다. 아마 지금 놀림을 당할지도 모르죠. 그리고 아무 잘못 없는 그 사람의 가족과 친구도 비난을 받을 것 같아요."

서준이는 혹시 모를 피해자가 생길지 모른다고 말했다.

"좋은 지적입니다. 한 번 얼굴을 공개하고 나면 되돌릴 수 없어요. 순식간에 인터넷에 퍼져 전 국민이 알게 되죠. 가족과 친지가 2차 피해를 입을 가능성도 높고요."

최공평 선생님은 서준이가 근거를 잘 들었다고 말씀하셨다.

"제 생각은 다릅니다. 현재 경찰은 피의자가 동의하면 머그샷을

공개하지만, 동의하지 않으면 신분증 사진 공개를 원칙으로 하고 있어요. 대검찰청의 통계 자료에 따르면 강력 범죄˚는 2021년만 해도 3만 2천여 건인데, 최근 4년간 신상 공개가 결정된 피의자는 31명에 불과하고 그중 머그샷이 공개된 사례는 단 1건입니다. 범죄 발생 건수에 비해 너무 적지요."

유나가 또랑또랑하게 말을 이었다.

"신상 공개는 범죄를 예방하기 위한 조치입니다. 흉악한 범죄를 저지른 사람은 더 적극적으로 신상을 공개해야 신상 공개가 두려워 범죄를 안 저지르겠지요."

강력 범죄 흉기나 폭력을 써서 저지른 범죄.

유나가 주장하자 몇몇 아이들이 고개를 끄덕였다.

 "저도 동의합니다."

주원이 짝인 리아가 조심스럽게 입을 열었다.

"집 근처에 성범죄자가 이사 오면 우편물로 알려 주는데, 그 우편물을 엄마가 자세히 보여 준 적이 있어요."

리아는 '성범죄자 신상정보 공개제도'를 예로 들었다.

"안내물에 범죄를 저지른 사람의 얼굴과 키가 자세히 나와 있었어요. 혹시 길에서 마주치면 피할 수 있으니 다행이라고 생각했죠."

리아는 성범죄자 신상정보 공개제도가 범죄 예방에 매우 도움이 된다고 말했다.

"네, 현재 대한민국은 어린이와 청소년을 대상으로 성범죄를 저질러 유죄가 확정되고 재범의 우려가 있는 경우 성명, 나이, 실거주지, 전과 사실, 전자 장치 부착 여부를 공개합니다. 인터넷과 모바일로 누구나 확인할 수 있고 어린이가 있는 집에는 특별히 우편물까지 보냅니다."

선생님은 가장 적극적으로 범죄 가해자의 신상을 공개하는 제도라고 덧붙여 설명하셨다.

> **지식 플러스**
> ### 성범죄자 알림e 사이트
> 아동·청소년을 대상으로 성폭력 범죄를 저지른 사람이나 죄를 다시 범할 위험성이 있다고 인정되는 사람에 대한 신상정보를 확인할 수 있는 사이트예요. 또, 성폭력 예방 교육 자료나 성범죄 예방 대응 요령 등을 확인할 수 있어요.

"저도 성범죄자 알림e 사이트를 본 적 있어요. 앞모습 옆모습까지 나온 사진도 기억나요. 이런 제도를 흉악범에게도 적용해야 한다고 생각해요."

유나가 맞장구쳤다.

"선생님 제 생각은 달라요."

주원이가 손을 들고 말하자 선생님이 물으셨다.

"주원이는 왜 범죄자 신상 공개 확대에 반대하나요?"

"저도 서준이처럼 2차 피해의 부작용 때문입니다. 범죄자의 신상을 공개했는데, 그 가족이 고통받다 못해 극단적인 선택을 한 기사를 읽었어요."

주원이는 안타까운 기사 내용을 설명했다.

"맞아요. 아버지가 여중생을 성추행해 신상 공개가 된 뒤 당시 고등학교 2학년생이던 아들이 견디다 못해 세상을 떠났습니다. 성범죄자의 아들은 사방에서 날아오는 '아버지가 성범죄자'라는 손가락질에 고통 받았던 것으로 알려졌습니다."

"이 학생은 아무 잘못 없는데 너무 불쌍해요. 지금까지 신상이 공개된 사람을 살펴보면 보통 20년 이상의 징역형이나 무기징역형을 받았습니다. 범죄자는 감옥에 있으니, 신상 공개로 고통받는 사람은 그 가족들일 거예요."

주원이는 심각한 표정을 지었다.

"정말 충격적이네요. 전 이런 일이 있는지도 몰랐어요. 신상 공개는 정말 신중하게 결정해야겠어요."

서준이는 주먹을 꽉 쥐고 말했다. 범죄자 신상 공개 때문에 가족이 받는 고통이 상상보다 커서 놀랐다.

"저는 반대합니다. 신상 공개는 비슷한 범죄를 저지르려고 마음먹었던 사람에게 경각심을 줄 수 있어요. 신상이 공개되면 제보를 통해 예전에 저질렀던 추가 범죄 수사에 도움도 되고요."

유나가 자리에서 일어나 반론을 펼쳤다.

"주원이가 말한 사건의 범인은 만 12세의 여중생을 성추행했습니다. 강서준이 그런 사람을 그냥 내버려 두라고 말하다니, 믿을 수가 없네요."

"오유나, 내가 언제 그냥 두자고 했어? 신중하게 결정하자고 했지."

서준이도 일어서서 유나의 말에 반박했다.

"자기 가족이 고통받는 게 두려우면 범죄를 저지르지 말아야죠. 가해자의 가족까지 배려할 필요는 없다고 생각합니다."

유나의 대답에 교실이 조용해졌다.

"가족에게도 인권이 있잖아. 아빠가 범죄를 저지를 줄 그 아들이 어떻게 알았겠어? 너희 아버지가 범죄자라면 너는 그 사실이 공개돼도 괜찮겠어?"

서준이가 어깨를 으쓱했다.

"뭐라고? 너 지금 우리 아빠한테 범죄자라고 한 거야?"

흥분한 유나가 팔을 걷어붙였다. 감정적인 유나와 서준이 때문에 교실 전체가 술렁였다.

"여러분, 진정하세요."

선생님은 교탁에 서서 소란해진 교실을 조용히 시켰다.

"토론은 근거를 들어 이성적이고 논리적으로 나누는 대화입니다. 감정적인 발언을 자제해 주세요."

"네, 선생님."

유나는 씩씩거리며 다시 자리에 앉았다.

"다소 흥분했지만 제 예상보다 토론을 아주 잘하고 있습니다. 그럼

리아가 의견을 말해 볼까?"

선생님은 피의자의 신상 공개 확대에 찬성하는 리아를 쳐다보았다.

 "저는 지금보다 흉악범의 얼굴을 자세히 공개해야 한다고 생각합니다. 미국은 용의자가 잡히면 경찰서에서 찍은 사진인 '머그샷'을 공개해요. 우리나라도 그렇게 해야 합니다. 그래야 시민이 범죄로부터 자신을 안전하게 지키죠."

리아는 조심스럽게 이야기했다.

"저는 그보다 들쭉날쭉한 기준이 문제라고 생각해요."

조용히 듣던 주원이가 입을 열었다.

"범행 수법이 잔인하다는 것은 주관적입니다. 사람을 해치는 범죄는 모두 잔인하잖아요. 얼마 전 일가족 살인범은 신상 공개를 안 하고 이번에는 하니까 어쩐지 불공평한 것 같아요."

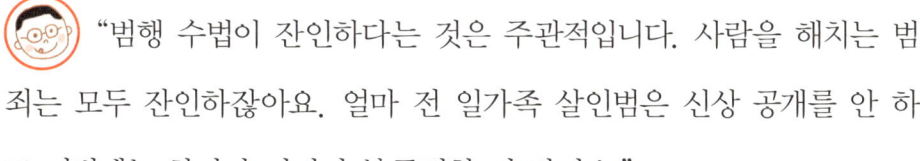

지식 플러스

피의자 신상 공개 요건

신상 공개는 각 시·도경찰청의 신상공개위원회를 통해 결정해요. 신상공개위원회에는 의사·법조인·교육자·언론인 등 외부 위원도 포함되어 있지요. 위원회는 다음과 같은 조건에 부합하는지 판단하여 신상 공개를 결정하게 됩니다.

1. 범행 수단이 잔인하고 중대한 피해가 발생한 특정강력범죄 사건일 것.
2. 피의자가 그 죄를 범하였다고 믿을 만한 충분한 증거가 있을 것.
3. 국민의 알 권리 보장, 피의자의 재범 방지 및 범죄 예방 등 오로지 공공의 이익을 위하여 필요할 것.
4. 피의자가 「청소년보호법」 제2조 제1호의 청소년에 해당하지 아니할 것.

주원이는 기준이 일관적이지 않고 애매하다고 불평했다.

 "예를 들어 사람을 한 명 죽이면 공개 안 하고 두 명 이상 죽이면 공개한다는 식으로 명확한 조건을 정하면 좋겠습니다."

 "으, 잔인해."

리아가 두 손으로 얼굴을 감쌌다.

 "법은 정확해야지. 지금은 범행이 잔인하고, 공공의 이익에 필요하다는 등 공개 기준이 애매해서 자꾸 문제가 되는 것 같습니다."

주원이가 안경을 고쳐 쓰며 대답했다.

 "리아와 주원이가 지적한 부분은 현재 논란이 되는 이슈입니다. 여러분이 다양한 의견을 들려줘서 정말 놀랍네요."

최공평 선생님은 아이들의 열정에 감탄했다.

 "토론은 수학 문제처럼 정해진 답이 없습니다. 서로 다른 의견을 함께 조율해 나와 다른 생각을 인정하고, 여러 입장에서 생각해 보는 것이 토론을 하는 목표죠."

선생님의 차분한 목소리가 교실을 채웠다.

"피의자 신상 공개 문제에 대해 활발하게 논의가 이뤄지고 있습니다. 민감한 문제이므로 사회적 협의가 필요하죠. 그런데 오늘 토론 어렵지 않았나요?"

"조금 어려웠지만 정말 재미있었어요."

선생님과 눈이 마주친 주원이는 환하게 웃으며 대답했다.

"체육 시간에 피구와 발야구를 할 때와는 또 다른 재미가 있어요."

"오늘 여러분이 토론을 즐기는 모습이 정말 인상적이었어요."

이어지는 서준이 말에 선생님이 미소 지었다.

"선생님, 저희 토론 자주 해요. 공부만 하는 것보다 훨씬 재미있어요."

"좋아요. 그럼 다음 시간에 토론할 내용을 알려 주면 집에서 준비해 올 수 있나요?"

"네, 선생님."

6학년 1반 아이들의 우렁찬 대답이 교실 밖까지 쩌렁쩌렁 울렸다.

토론의 쟁점을 정리해 볼까요?

 유나 리아    서준 주원

가해자 신상 공개, 해야 한다!	가해자 신상 공개, 해서는 안 된다!
국민의 알 권리를 충족시켜야 한다.	무죄 추정의 원칙에 따라 유죄가 확정되지 않은 사람의 신상을 공개해서는 안 된다.
다른 범죄자에게 본보기가 될 수 있다.	잘못이 없는 피의자의 가족이 입을 2차 피해도 생각해야 한다.
여죄 수사에도 도움이 된다.	기준이 애매하므로 보완하기 전에 섣불리 공개해서는 안 된다.

다른 나라의 범죄 가해자 신상 공개 제도

다른 여러 나라에서도 범죄 가해자의 신상 공개가 이루어지고 있어요. 이웃 나라 일본은 언론사가 결정하여 용의자의 실명과 신상을 공개해요. 단, 정신 질환자가 저지른 범죄일 경우에는 신상을 공개하지 않지요.

미국의 경우 체포된 사람이라면 누구나 머그샷 촬영을 하고 이를 연방보안청에 보관해요. 이 머그샷은 '국민의 알 권리', '개인의 공정한 재판을 받을 권리', '법 집행 기능의 효율적 수행'에 부합하는 상황일 경우 공개해요. 이때 아직은 단지 범죄 혐의에 불과하며 법정에서 유죄임이 입증되기 전까지는 무죄로 추정한다는 설명 문구를 반드시 포함해야 해요.

독일은 범죄자나 피의자의 신상 공개를 원칙적으로 허용하지 않아요. 범죄 사실이 분명해도 보통은 재판 과정에서 피의자의 얼굴을 공개하는 경우는 드물지요. 다만 중대한 범죄나 피의자의 얼굴 공개가 사회적으로 중요할 때는 허용하는 경우도 있어요.

다수결은
언제나 옳을까?

"선생님, 서준이가 저희한테 떡볶이 사 줄 테니 회장으로 뽑아 달래요. 그러면 안 되죠?"

다인이와 서연이가 급식실에서 돌아오자마자 담임 선생님께 달려왔다.

"그게 무슨 말이니?"

"서준이가 반 아이들에게 떡볶이를 사겠다고 하더니, 다음 주에 있을 회장 선거에 나간대요. 그게 무슨 뜻이겠어요? 떡볶이 얻어먹고 자기를 찍어 달라는 소리겠죠."

다인이가 어리둥절해하는 선생님에게 또랑또랑한 목소리로 말했다.

"주다인, 넌 선생님께 그런 얘기를 왜 하냐?"

헐레벌떡 뒤따라온 서준이가 소리쳤다.

"서준이 너, 떡볶이 사고 인기 얻어서 회장 되려는 거지? 내가 모를 줄 알고?"

이번에는 서연이까지 서준이를 몰아붙였다.

"어? 아니, 난……."

당황한 서준이는 말을 더듬거렸다. 친구들의 관심을 끌려고 했던 게 맞기에 할 말이 궁했다. 어느새 반 아이들 대부분이 교실로 돌아왔다.

"박서연, 먹기 싫으면 너나 먹지 마. 네가 뭐라고 하는 바람에 서준이가 떡볶이 안 사면 어떡할 거야? 나한테도 학교 끝나고 떡볶이 사 준다고 했단 말이야."

학교를 마치고 서준이와 함께 분식집에 가기로 약속한 유나가 화를 냈다.

"이제야 무슨 말인지 알겠네요."

이야기를 듣던 최공평 선생님이 의자에서 일어섰다.

"우리 반 회장 선거 열기가 뜨거워서 선거 운동을 시작하기도 전에

이런 일이 일어났네요."

"선생님, 서준이가 자기를 찍어 달라고 직접적으로 말은 안 해도 떡볶이를 얻어먹은 애들은 서준이를 찍어야겠다고 생각할 거예요. 그럼 저는 애들에게 피자를 사 주고 저를 찍어 달라고 해도 되나요? 그럼 선거에서 이길 확률이 더 높아질 테니까요. 아무리 많은 사람이 선택했더라도 공약이 아니라 다른 걸로 인기를 얻어 선거에서 이기는 건 부당해요."

서연이의 말에 아이들이 웅성거렸다. 떡볶이보다 훨씬 비싼 피자 이야기에 입맛을 다시는 친구도 있었다.

"6학년 1반 여러분, 오늘은 서연이가 말한 '많은 사람의 선택이 언제나 옳은지', 다수결의 원칙에 대해 이야기해 보면 좋겠네요. 민주주의의 꽃, 투표를 통해 다수결 제도의 장점과 단점에 대해 생각해 봅시다."

"네, 선생님."

아이들이 합창하듯 대답했다.

토론을 시작하기 전에!

다수결 원칙의 순기능

대통령 선거 투표가 진행되고 있습니다.
5천만 유권자들의 표심이 누구에게로 향할지 너무나 궁금한데요.

△△대 대통령 선거 순조롭게 진행돼

그간 성숙한 민주주의의 모습을 보여 주었던 우리 국민들이기에, 이번 선거 결과를 외신도 주목하고 있습니다.

민주주의의 꽃인 선거! 대의 민주주의°를 완성할 대표자를 선출하는 현장에, 시민들의 발걸음이 이어지고 있습니다.
지금까지, 투표소 앞에 나와 있는 김OO 기자였습니다.

대의 민주주의 국민들이 대표자를 선출하여 정책을 처리하도록 함으로써 간접적으로 주권을 행사하는 방식.

다수결 원칙의 역기능

이번 ㅁㅁ대 대통령 선거에서 트럼프 대통령이 당선되었습니다. 트럼프 대통령은 대중의 인기에 영합하는 포퓰리즘 전략에 힘입어 승리한 것으로 보입니다.

포퓰리즘 전략, 통했다! 대통령 당선 확정!

멕시코에 거대한 장벽을 세우고, 불법 이민자를 추방하고, 모든 무슬림의 입국을 금지하겠다는 공약이 '인종 차별'이라는 비판을 받았음에도, 많은 미국인들이 여기에 표를 던졌습니다.

멕시코 장벽

지구촌 문제에도 무책임한 입장입니다.
지구 온난화를 막기 위한 파리기후협약 탈퇴를 선언했습니다.

지구 온난화? 흥!

"민주주의는 모든 사람이 각자 삶의 주인이 되어 자유롭고 평등한 입장에서 여러 문제를 대화와 토론으로 해결하는 정치 방식입니다. 나라의 중요한 일을 결정할 때는 '투표'라는 다수결 방식을 이용합니다. 다수결은 다양한 의견을 하나로 모으기 위한 민주적인 방식이지만 단점도 있습니다. 앞서 살펴본 것처럼 대중의 인기를 얻어 다수의 지지를 받기 위해 무리한 공약을 내놓기도 하지요. 그럼 회장 선거를 앞둔 지금, 민주주의의 중요한 의사 결정 방식인 다수결에 대해 토론해 볼까요?"

6학년 1반 아이들은 조금 전 떠들던 서준이와 서연이를 쳐다보았다.

"저는 다수결의 원칙을 따르는 것이 무조건 옳다고 생각하지 않아요."

서연이가 단호한 말투로 대답했다.

"작년 제가 5학년 때, 저희 반 회장은 학교에서 스마트폰 게임을 무제한으로 할 수 있도록 담임 선생님께 건의하겠다는 공약을 내세워 당선되었어요. 반 회장 선거는 우리 반을 위해 봉사하고 일하기에 알맞은 사람을 대표로 뽑는 선거입니다. 그런데 아이들은 학교에서 스마트폰 게임을 하자는 옳지 않은 의견을 낸 그 후보에게 표를 던졌지요."

게임은 아이들 사이에서 가장 인기 있는 주제라 다들 서연이의 말에 귀를 쫑긋 세웠다.

"선거 후 회장으로 당선된 아이가 공약대로 담임 선생님께 건의했지만, 담임 선생님은 허락하지 않으셨어요. 그렇지만 이미 투표가 끝

나서 그 아이는 1학기 내내 회장을 했어요. 이처럼 다수가 지지하는 후보가 반드시 바른 판단을 하는 게 아니며, 공약을 늘 지키지도 않습니다. 다수의 선택이 옳은 방향은 아닐 때도 있고요."

서연이는 서준이를 바라보며 주장했다.

 "저도 동의해요. 다수결은 인기를 얻기 위한 부적절한 공약을 부추기는 것도 같고요."

다인이가 또랑또랑하게 말을 이었다.

 "트럼프 대통령은 일부 지지자들에게 인기를 얻기 위해 지구 온난화에 미국의 책임이 없다며 파리기후협약에서 탈퇴하겠다는 공약을 내걸었고 이를 시행했어요. 다수결에 의해 뽑힌 대통령이, 각국 대표들이 토론을 통해 내린 결정을 무시했지요."

다인이는 고개를 절레절레 저었다.

> **지식 플러스**
>
> ## 다수결의 원칙
>
> 다양한 의견을 하나로 모으기 위해 많은 사람의 의견에 따르는 방법이에요. 국가나 기관에서 대표자를 선출할 때, 학급 회장을 선출할 때, 국회에서 법안을 의결할 때 사용하는 방식이지요. 사회 구성원이 많을수록 어느 한 문제를 놓고 전부가 동의하는 의견을 내기는 사실상 불가능해요. 그래서 다수가 선택한 의견이 합리적일 확률이 높다는 전제로 시행되는 규칙이 바로 다수결이에요.
> 민주주의는 다양한 사람의 의견을 반영하는 정치 제도예요. 민주주의를 따르는 국가 대다수는 다수결 방식을 택해요. 하지만 개인의 가치 선택에 대한 문제(어떤 아이돌이 좋은가, 어떤 학과를 선택해야 하는가 등)는 다수결의 원칙에 따라 결정할 수 없어요.

"네, 다행히 이후에 당선된 바이든 대통령은 다시 파리기후협약에 가입했어요."

선생님은 현재 상황을 알려 주었다.

"트럼프 대통령은 멕시코에서 탈출하는 어린이를 불법 이민자라며 체포했고, 멕시코 국경에 장벽까지 설치하며 이민자에게 부정적 정책을 폈어요. 그리고 백인이 아닌 다른 인종을 공개적으로 무시했어요. 어떻게 미국인들은 대놓고 인종 차별하는 사람을 대통령으로 뽑을 수 있죠?"

어느새 다인이는 주먹까지 꽉 쥐었다.

"지금 대통령을 뽑은 다수의 의견을 무시하는 건가요?"

유나는 흥분한 다인이를 보며 반론을 펼쳤다.

"다수결은 많은 사람들이 어울려 살아가는 사회에서 최대한 많은 사람의 의견을 반영할 수 있는 가장 민주적인 방식입니다. 민주주의의 첫 번째 기둥인 선거도 다수결 방식을 채택한 제도지요. 국가를 대표하는 대통령도 선거로 정하고요. 프랑스, 미국을 비롯한 여러 나라에서도 이 방식을 따르고 있어요."

유나는 차분하게 의견을 전했다.

"맞아요. 독재 국가를 제외한 대부분의 나라가 투표로 지도자를 뽑는 등 국가의 중요한 의사 결정에 다수결의 원칙을 적용합니다."

최공평 선생님이 유나의 의견에 덧붙여 말했다.

"다수결은 장점이 매우 많습니다. 투표는 많은 사람이 신속하게

결정을 내릴 수 있으며, 상대적으로 비용도 적게 드는 효율적인 제도이기도 하고요."

아이들이 고개를 끄덕였다.

 "저는 생각이 좀 다릅니다."

서연이는 한숨을 푹 내쉬며 어두운 표정으로 말을 이었다.

 "다수결이 합리적이라는 것은 인정합니다. 하지만 소외된 집단이 생깁니다. 다수가 아니라고 그들의 의견을 무시하면 갈등이 깊어질 수 있지 않을까요?"

아이들은 서연이의 의견을 듣고서도 고개를 끄덕일 수밖에 없었다.

"다인이가 말한 트럼프 대통령의 경우 선거 제도를 통해 당선된 대표지만 민주주의의 핵심 가치를 무시한 사례라고 할 수 있습니다. 여러분이 잊지 말아야 할 부분은 '최대한 많은 사람의 의견을 반영'하는 것만이 능사가 아니며, 민주주의의 핵심 원리는 '다수결의 원칙 준수' 그 자체가 아니라 '합의와 협력'이라는 점입니다."

선생님의 설명에 아이들은 저마다 생각에 잠긴 듯했다.

 "여튼, 다수결로 대표를 뽑는 선거를 앞두고 강서준이 떡볶이를 사겠다고 한 건 문제입니다. 아이들이 합리적으로 판단할 수 없게 하고 그저 인기만을 얻는 방법입니다."

다인이가 다시 서준이의 행동을 문제 삼았다.

"뭐라고? 다인이 너, 말이 너무 심하다."

서준이도 자기 행동을 꼬집는 다인이에게 한마디 했다.

"미안하지만 난 그렇게 생각해. 네가 안 될 것 같으니까 떡볶이 쏘는 거 아냐? 우리 반 회장이 되고 싶다면 정정당당하게 선거 공약을 내세워. 애들을 분식집으로 데려가지 말고."

다인이가 또박또박 따지자 반 전체가 시끄러워졌다.

"자, 조용하세요."

지식 플러스 — 다수결에도 취약점이 있다?

때로는 다수의 결정이 사회 전체에 손해를 가져오기도 해요. 한 지자체에서 녹지를 개발해 골프장을 건설하겠다고 주민 투표를 시행했어요. 골프장이 건설되면 인근 지역의 집값이 오르고, 상권이 활성화되어 상인들은 큰 이득을 보기에, 찬성표를 던지는 주민이 많았지요. 하지만 이는 환경은 고려하지 않고 개발 이익만 생각했기 때문에 가능한 결정이에요. 당장 눈앞의 이득만을 좇은 것이지요.

최공평 선생님이 교탁 앞으로 나오셨다.

"다인이의 염려는 잘 알겠습니다. 하지만 서준이가 회장이 되면 안 될 것 같다는 의견을 공개적인 토론 자리에서 말한 행동은 적절하지 않아요."

말을 마친 선생님은 서준이를 쳐다보았다.

"선거를 앞두고 갑자기 친구들에게 떡볶이를 대접하는 행동 역시 적절하지 않습니다. 진짜 의도가 무엇이든 오해를 불러올 수 있으니 서준이는 떡볶이 모임을 취소하세요."

"네, 선생님."

서준이가 머리를 긁적이며 말했다.

"회장 선거는 공정하게 치러져야 합니다. 6학년 1반을 대표하고 싶은 어린이는 누구나 출마할 수 있으니 각자 선거 공약을 제시하고 유권자의 선택을 받으세요."

선생님은 반 아이들과 천천히 눈을 맞추며 말했다.

"민주주의의 꽃인 선거에 대해 토론하면서 모두 다수결 제도의 장점과 단점을 알게 되었을 거예요."

토론 내용을 정리하는 선생님의 목소리가 반 전체에 울려 퍼졌다.

"대표를 뽑는 사람들이 현명하게 판단

하고 선택할 때, 이 원칙이 빛을 발합니다. 그러므로 자신의 표를 소중히 여기고 신중하게 회장을 결정해 주세요."

"네!"

아이들이 뿌듯한 표정으로 대답했다. 서로를 마주보는 아이들의 눈빛에서 그 어느 때보다도 진지한 마음으로 반 회장 선거를 치르겠다는 의지가 보였다.

토론의 쟁점을 정리해 볼까요?

 유나    서연 다인

다수결 원칙, 최선의 의사 결정 방법이다!	다수결 원칙, 옳지 않을 때도 있다!
민주주의 체제 하에서 가장 합리적인 방법이다.	다수의 의견이 늘 채택되는 점을 이용하여 인기에 영합한 잘못된 결정을 내리기도 한다.
가능한 한 다양한 사람의 의견을 반영한다.	소수의 권리가 무시되기도 한다.

난민,
무조건 받아 줘야 할까?

"유나야, 아까부터 어딜 그렇게 노려보고 있어?"

다인이는 유나가 바라보는 곳을 보며 유나를 쿡 찔렀다. 유나의 시선이 닿은 곳엔 낯선 외국인이 서 있었다.

"다인아, 저 사람 어제 뉴스에 나온 난민 사건 피의자랑 같은 나라 사람 같지? 교통 법규를 위반한 운전자에게 일부러 교통사고를 냈다던 사람 말야. 선생님이 오늘 난민에 대해 토론한다고 하셔서, 어제 뉴스에 나온 난민 사건 자세히 봤거든. 그래서 딱 알아보겠어! 저 사람도 난민인가? 어쩐지 수상해."

다인이와 유나가 사는 동네에는 얼마 전부터 난민 지위를 인정받은 외국인들이 거주하기 시작했다. 외국인 노동자들도 많았던 터라 길가

에서도, 슈퍼에서도 심심치 않게 외국인을 마주칠 수 있었다. 평소에는 외국인을 만나도 아무렇지 않았는데, 어제 본 뉴스 때문인지 이상하게 학교 앞에 서 있는 외국인이 신경 쓰였다.

"응? 그 사람도 아니고, 같은 나라 사람 같다는 이유만으로 불편한 시선을 보내는 건 옳지 않아. 겉모습만 보고 난민이라고 단정 지어서도 안 되고. 더군다나 난민을 범죄자 취급하는 건 차별이야."

> **용어 정리**
>
> **난민:** 분쟁 혹은 잦은 폭력 사태로 고국을 떠나 돌아갈 수 없는 사람을 가리키는 말이에요. 혹은 여러 이유로 목숨이 위태롭거나 일상생활을 할 수 없을 만큼 위험한 상황을 피해서 자기 나라가 아닌 곳에 있는 사람이지요. 현재 전 세계적으로 난민은 1억 명이 넘는 것으로 알려져 있어요. 이는 세계 인구 1%에 육박하는 숫자이지요.

다인이는 조심스레 친구의 차별적인 말을 지적했다.

"너희 무슨 얘기를 그렇게 진지하게 해?"

교실에 들어선 도현이가 두 친구를 번갈아 보았다. 항상 까르르 웃으며 수다를 떨던 다인이와 유나의 표정이 심각하니 신기했다.

"학교 앞에 있는 외국인, 난민 같지 않아?"

유나는 도현이에게 지금까지 있었던 일을 설명했다.

"음, 어제 뉴스에 나온 난민은 분명 잘못을 저질렀지만, 그렇다고 모든 난민을 수상쩍게 생각할 필요 있을까?"

"맞아."

다인이가 도현이의 말에 맞장구쳤다.

"그래도……. 나는 어딘지 모르게 좀 무서워. 우리 동네에 난민이 온다고 했을 때도 그랬다고."

"6학년 1반!"

그때 최공평 선생님의 차분한 목소리가 교실에 퍼졌다. 그러자 서 있던 아이들이 서둘러 자리로 돌아갔다.

"오늘 첫 수업은 토론이죠? 난민 수용 문제에 대해 이야기해 보기로 했는데, 다들 준비해 왔나요?"

"네!"

선생님의 물음에 6학년 1반 아이들이 큰 소리로 대답했다.

"좋습니다. 그럼 관련 기사를 찾아볼까요?"

토론을 시작하기 전에!

난민, 수용해야 한다!

독일은 적극적인 난민 수용 정책을 실시합니다.
독일 연방 의회는 난민을 위해 60억 유로(한국 돈 약 8조 원)의 예산을 긴급 편성했습니다.
이는 난민 한 명에게 1년간 13,000유로(한국 돈 약 1,800만 원)를 지원하는 셈입니다.

독일 의회, 난민 위한 예산 긴급 편성!

독일은 인구가 감소하는 초고령 사회가 된 이후 난민 정책을 통해서 출산율을 보완하고 있습니다. 온갖 출산 장려 정책에도 출산율이 쉽게 올라가지 않자, 정부가 적극적으로 난민 수용에 앞장선 것입니다.

독일인은 나치 치하의 홀로코스트에 대해 지겨울 만큼 반복 학습하며 반성하기로 유명합니다.
난민 포용 정책으로 이제 독일은 연대 의식을 몸소 실천하는 사회로 진화하고 있습니다.

난민 포용하며 연대 의식 실천!

난민, 수용하면 안 된다!

2022년 2월 러시아가 전쟁을 시작한 뒤 그해 10월 25일까지, 유럽으로 피난한 우크라이나 난민은 775만 명에 이릅니다.
유럽 시민들은 처음에는 난민에 호의적이었으나 전쟁이 끝날 기미가 보이지 않는 데다, 난민 때문에 자국민이 곤란을 겪자 태도를 바꿉니다.

유럽, 우크라이나 난민에 대한 태도 변해

약 45만 명의 우크라이나 난민을 받아들인 체코는 인구 증가로 인해 집값이 상승하여 자국민이 집을 구하는 데 어려움을 겪게 되었습니다. 라트비아는 자금 문제로 난민의 추가 유입을 막았고, 폴란드 의회는 EU의 난민 정책에 반대하는 결의안을 통과시켰습니다.

체코, 라트비아, 폴란드 등 난민 수용에 부정적

우크라이나 난민 카트야 씨는 몇 달 전부터 난민에 대한 분위기가 바뀌었다고 전합니다. 심지어 자녀가 놀이터에서 우크라이나어를 쓴다는 이유로 체코 어린이들에게 쫓겨났다고 호소했습니다.

난민 차별로 어려움을 겪는 아이들 많아

난민을
도와야해요!

"자, 난민에 관한 여러 입장을 살펴봤어요. 그 내용을 바탕으로 우리는 우리나라의 입장에서 난민에 대한 이야기를 나눠 봐요."

"네, 선생님. 저부터 말할게요."

선생님 말이 끝나자마자 다인이가 입을 열었다.

"난민은 전쟁이나 재난 등으로 인해 고향에서 살지 못하게 된 사람이잖아요. 특히 전쟁으로 인한 난민은 폭격으로 집이 다 파괴되어 돌아갈 곳도 없으니 우리가 조금씩 힘을 합쳐 난민을 도와주면 좋겠어요."

다인이가 간절한 표정으로 말했다.

"저도 뉴스에서 무서운 소식을 들었어요."

도현이도 나섰다.

"러시아 미사일이 우크라이나 마을에 떨어져 주민들의 삶의 터전을 통째로 날려 버렸어요. 사람도 죽고 건물은 다 부서졌죠. 그런 곳에선 아무도 살지 못해요. 국제법에 따라 난민을 당연히 받아들여야 한다고 생각합니다. 우리나라도 한국 전쟁 때 다른 나라의 도움을 받았잖아요. 그러니 전쟁으로 고통받는 사람을 도와야 합니다."

저도 도와야 한다고 생각합니다!

얼마 전 일어난 전쟁에 대한 뉴스를 본 아이들이 고개를 끄덕였다.

"글쎄요, 제 생각은 달라요."

주원이가 반대 의견을 냈다.

"난민을 무조건 반대하지는 않아요. 하지만 난민 때문에 자국민이 불편을 겪으면 안 된다고 생각해요."

주원이는 세금을 내는 자국민의 권리도 중요하다고 말했다.

"만약 난민이 들어와 범죄를 일으키면 어떡해요? 국민을 위해 일하는 경찰이 난민 범죄 때문에 자국민을 도와주지 못하는 일이 발생할지도 모른다고요."

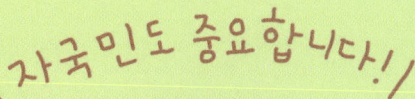

"동의합니다."

유나가 큰 소리로 말했다.

"제가 오늘 아침에 불안했던 이유는 난민이 저지른 범죄 기사를 봤기 때문이에요. 우리나라에 사는 이집트 출신 난민이 가짜 교통사고를 내고 돈을 받아 냈대요."

유나는 실제 범죄 사건이 일어났음을 강조했다.

"맞아요. 난민으로 인정받은 외국인 남성이 교통법규 위반 차량을 노려 가짜 사고를 냈습니다. 신호를 위반하는 차량에 일부러 몸이나 차를 부딪친 뒤 합의금으로 22차례에 걸쳐 1억 2천여만 원을 받아 내다 경찰에 체포되었습니다."

최공평 선생님의 설명에 반 전체가 웅성거렸다.

"하지만 이를 두고 난민 전체를 잠재적 범죄자로 보는 것은 위험해요. 또 이 사람의 경우 법원의 판결이 확정되면 난민 지위를 잃게 될 거예요."

"도움을 주었는데 타국에서 범죄를 저지르다니, 너무해요."

주원이는 말을 마치며 고개를 가로저었다.

"독일은 100만 명의 난민을 받아들인 직후에 범죄율이 높아졌습니다. 1년간 발생한 소매치기 사건의 35%는 이민자가 범인으로 지목됐고, 가택 침입과 중상해를 저지른 범죄자 중 이민자 비율도 각각 11%, 15%나 돼요. 2016년에는 자그마치 17만 4천 명의 이민자가 범죄 혐의를 받았다고 해요."

주원이는 자신이 확인한 신문 기사를 아이들에게 이야기했다.

"그래요. 난민을 포함하여 이민자를 받아들인 나라에 치안 문제가 생기기도 하죠."

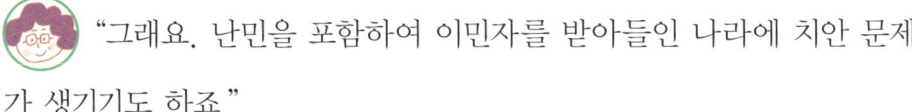

기사를 읽은 선생님이 고개를 끄덕이셨다.

"하지만 모든 난민을 범죄자로 바라보아서는 안 됩니다. 같은 사람으로서 편견 없이 그들을 지켜보는 태도가 필요합니다. 이 세상 모든 사람은 언제든 난민이 될 수 있고 우리도 예외가 아닙니다."

"아…… 역지사지를 해야 하는데. 그 생각은 미처 못 했어요."

강하게 주장을 펼치던 주원이가 머뭇거렸다.

"맞습니다. 범죄를 저지른 난민은 일부입니다. 대부분은 그 나라 사람들과 어울려 잘 살아갑니다."

그때 다인이가 조그만 목소리로 이야기했다.

"인종과 종교가 다른 여러 나라 사람들이 비좁은 난민 캠프에서 생활하기 때문에 문제가 생겼다고 들었어요. 어린이를 위한 학교가 없어 교육을 받기 힘드니 나중에 일자리를 구하기도 어렵겠죠. 생활을 이어 가려고 어쩔 수 없이 범죄를 저지른 경우도 있을 거예요. 설마 처음부터 범죄를 저지르려고 했겠어요?"

"그건 그래요."

도현이가 맞장구를 쳤다. 그러자 귀 기울여 듣던 유나가 반박했다.

"위험에 처한 난민을 도와 주면 좋죠. 하지만 종교, 문화가 다른 사람들과 어울려 사는 일은 쉽지 않아요. 예를 들어 이슬람교를 믿는 사람들은 돼지고기를 먹지 않고 정해진 시간에 신에게 기도합니다. 그 학생들과 같이 학교를 다니긴 쉽지 않겠죠."

"하지만 2022년 우리나라의 출산율은 0.78명으로 세계 최저입니다. 외국에서 오는 난민을 받아들이는 건 인구수 유지에도 도움이 됩니다. 실제로 영국, 이탈리아, 네덜란드 등 15개국에서 난민이 유입된 지 3~5년 후부터 국내 총생산(GDP)이 증가했다는 연구 결과가 있습니다. 세금 수익도 1% 올랐고요. 나라의 미래를 위해서라도 난민 학교나 시설을 만들어 적극적으로 받아들여야 합니다."

지식 플러스 — 한국의 난민 현황

1992년 우리나라는 난민협약에 가입해 국제 사회에서 난민 보호에 대한 법적 의무를 가지게 되었어요. 2012년, 아시아 최초로 난민법을 제정하기도 했지요. 하지만 난민 인정률은 1.3%에 불과해요. 반면 캐나다는 46.2%, 영국은 28.7%, 인도는 52.8%에 달하지요.

난민 인정율이 낮은 이유는 무엇일까요? 난민법이 까다롭기 때문이에요. 우리나라는 '본국에서 국적, 인종, 종교, 특정 사회 집단 구성원 신분, 정치적 의견으로 인한 박해를 당할 우려가 있는 사람'만 가능하다고 정해 두었어요. 신청 절차가 복잡하고, 본국으로 돌아가면 박해받을 가능성이 있는지 증명해야 하지요. 하지만 대부분의 난민들은 서둘러 탈출한 경우가 많아서 이를 증명하기가 쉽지 않아요.

리아가 차분하게 자신의 뜻을 전했다.

 "난민을 마구 받아들여 범죄가 증가하면 네가 책임질 거야? 우리도 소매치기가 늘어나면 어떡할 건데!"

주원이가 흥분하며 말했다.

 "넌 제주도에 불법 가짜 난민이 들어온 사실 모르니?"

유나까지 합세하자 교실이 시끌시끌해졌다.

 "여러분 진정해요. 지금은 싸우는 게 아니라 토론 시간이에요."

최공평 선생님은 유나와 주원이를 조용히 시켰다.

 "2018년, 제주도로 입국한 예멘인이 난민 신청을 하자, 정부는 심사를 거쳐 난민 신청자 484명 중 2명만 난민으로 인정하고, 412명에게는 인도적 체류만 허용했지요. 유나가 뉴스를 잘못 본 듯하네요."

선생님은 미소 지으셨다.

"여러분의 열띤 토론이 놀라워요. 벌써 다음 토론이 기대돼요."

토론의 쟁점을 정리해 볼까요?

 다인  도현  리아   주원  유나

난민, 수용해야 한다!	난민, 수용하지 말아야 한다!
독일과 같이 난민과 잘 어울려 살아가는 나라도 있다.	우리 국민의 권리를 침해 받을 수 있다.
인구 감소, 출산율 문제 개선에 도움이 된다.	여러 범죄를 일으켜 치안에 좋지 않은 영향을 끼칠 수 있다.

인터넷 뉴스 댓글 창, 없애는 게 맞을까?

"리아야, 괜찮아? 무슨 일 있니?"

태영이는 울먹이는 리아를 위로했다. 책가방도 내려놓지 않은 채 자리에 주저앉은 리아의 표정이 너무 어두웠기 때문이다.

"어제 올라온 '에디션' 기사에 달린 악플 때문에 기분이 별로야. '에디션' 멤버한테 우울증도 있어서 걱정돼."

리아는 자신이 좋아하는 아이돌 기사에 달린 악성 댓글 이야기를 했다.

"송리아, 연예인한테는 무플보다 악플이 낫다고. 무플은 완전 굴욕이잖아!"

도현이가 지적했다.

"도현이 너, 악플이 얼마나 위험한지 몰라? 그래서 원래 연예 기사엔 댓글 창이 없다고."

"그래도 댓글이 있어야 사람들이 얼마나 관심을 가지는지 알 수 있잖아. 완전 무명이면 아무도 댓글 안 달아."

"설마…… 너 혹시 '에디션' 관련 뉴스에 악플 달았니?"

"뭐라고? 아니야. 절대 아니야!"

리아가 의심하자 도현이가 펄쩍 뛰며 손을 내저었다. 각자 떠들던 아이들도 무슨 일인가 싶어 주변으로 모여들었다.

"아니면 됐지. 왜 그렇게 흥분하니? 더 의심스럽게."

"와, 진짜 억울하다. 나 악플러 아니야, 진짜 아니라고!"

얼굴이 빨개진 도현이가 고래고래 소리쳤다.

"리아야, 그런데 연예 뉴스에는 댓글 창이 없는데 '에디션' 기사에 어떻게 댓글이 달려?"

뒤에서 다가온 주원이가 리아에게 물었다.

"몰라. 다른 연예 기사에는 없던데 이 기사에는 창이 있네."

리아는 속이 상했는지 책상에 엎드렸다. 그때 최공평 선생님께서 교실로 들어오셨다.

"연예면이 아닌 사회면에 올라간 기사에는 댓글을 달 수 있습니다."

"사회면이요?"

"네, 연예인이 등장해도 사회 기사로 분류되면 댓글을 쓸 수 있어요. 아마도 에디션의 기사가 사회면에 올라갔나 보네요."

선생님은 눈을 동그랗게 뜬 아이들에게 설명을 마치고 교실 화면에서 기사를 클릭하셨다.

"악플이 달린 기사는 에디션 멤버의 음주 운전 기사입니다. 평등일보 사회면에 게시되었네요."

포털 사이트를 클릭하자 에디션 기사 아래에 내용이 가려진 댓글이 주루룩 나왔다.

"어휴, 저도 읽었는데 댓글 내용이 진짜 심했어요. 잘못한 부분은 지적할 수 있지만, 인신공격까지 서슴지 않더라고요. 차라리 모든 뉴스에 댓글 창을 다 없애면 좋겠어요."

태영이가 단호하게 말했다.

"그건 아니지. 아무리 악플이 나쁘다고 해도 표현의 자유까지 막으면 안 돼."

주원이는 고개를 옆으로 가로저었다.

"차주원, 욕설이 어떻게 표현의 자유냐?"

"6학년 1반."

두 아이가 눈을 부릅뜨자 선생님이 나섰다.

"이렇게 다투지 말고, 토론을 통해 의견을 나눠 볼까요? 악성 댓글과 인터넷 연예 기사 댓글 창에 대해 토론해 봅시다."

"네, 선생님."

토론을 시작하기 전에!

포털 사이트 댓글 폐지, 유지해야 한다!

포털 사이트 댓글 서비스가 사라진 지 6개월이 지났습니다. 저희의 취재 결과, 댓글 서비스 중단 후 불편한 점이 있냐는 질문에 다양한 의견이 나왔습니다.

포털 사이트 댓글 서비스 중단 후 6개월!

무엇보다 연예인들이 이 방편을 적극적으로 반겼습니다. 한 연예인은 최근 자신이 진행하는 라디오 프로그램에서 "조금만 빨리 이 정책을 폈더라면 여러 명 살렸을 것이다. 마음이 아프다."라고 말했습니다.

MC 박○○

연예인들 대체로 댓글 중단 환영해

특히 여성 연예인들이 성희롱, 인신공격 댓글에서 해방된 것으로 보입니다. 이는 포털 사이트의 댓글 폐지에 찬성한 이들 중 여성(88.2%) 비율이 남성(73.7%)보다 높은 것을 봐도 알 수 있습니다.

댓글이 없으면 악플도 없겠죠! 다행이에요!

배우 조○○

특히 여성 연예인들이 찬성 입장 밝혀

포털 사이트 댓글 폐지, 큰 의미 없다!

연예 뉴스 댓글이 없어지자 유튜브나 SNS에 댓글을 달거나 DM을 보내는 등 연예인들에게 직접 공격적인 메시지를 전달하는 경우가 잦아졌다고 해요. 기사 댓글을 없앤 부작용 중 하나인 셈이죠.

댓글 없애자 직접적 방법으로 공격해 — 연예부 기자 최○○

맞습니다. 악플이 사라진 것은 아니에요. '창구'가 하나 사라진 것일 뿐이죠. 가령 유튜브의 경우 타 플랫폼보다 익명성이 강해 악플이 몰려요. 연예인에 대한 자극적인 가짜 뉴스 콘텐츠도 많아요.

악플 근절되지 않고 다른 채널로 옮겨 가 — 연예부 기자 이○○

연예 기사를 댓글이 달리는 포털 사회 섹션 등에 넣는 변칙 전송 문제도 계속 생기고 있어 연예 섹션 댓글을 닫는 결정이 '정말 최선이었나?' 하는 생각이 드는 것도 사실이에요.

중단 정책은 임시방편일 뿐이란 주장도 제기돼 — 아이돌 매니저 고○○

"2020년, 심한 악플을 방지하고자 포털 사이트에서 연예와 스포츠 기사의 댓글 창을 없앴습니다. 하지만 다른 분야의 기사에는 여전히 댓글을 달 수 있죠. 오늘은 의사소통의 창구이지만 각종 논란을 일으키는 인터넷 댓글 창에 대해 토론해 봅시다. 태영이가 먼저 이야기해 볼까요?"

선생님은 부드러운 목소리로 토론을 시작하셨다.

"예전에 한 연예인이 극단적 선택을 한 사건이 있었어요."

태영이는 자신이 좋아하던 연예인에 얽힌 끔찍한 사건을 떠올리며 말했다.

"그 연예인은 평소 악플에 시달렸대요. 잘못을 한 것도 아닌데 말이에요."

"저도 기억나요. 어떤 사람은 악플을 수십 개나 도배하기도 했어요."

리아가 눈썹을 찌푸리며 말을 이었다.

"물론 그 연예인이 극단적인 선택을 한 것이 악플 때문만은 아니겠지만, 어느 정도 영향을 미쳤다고 생각해요. 한 조사에 따르면 70%가 넘는 사람이 연예인의 자살에 악플이 크게 영향을 준다고 생각한대요. 다른 피해를 막기 위해서라도 연예 뉴스 댓글 창은 없애는 게 맞아요."

리아의 목소리가 떨렸다.

"동의합니다. 다시는 대한민국에서 이 같은 사건이 일어나서는 안 됩니다."

태영이는 침착하게 의견을 펼쳤다.

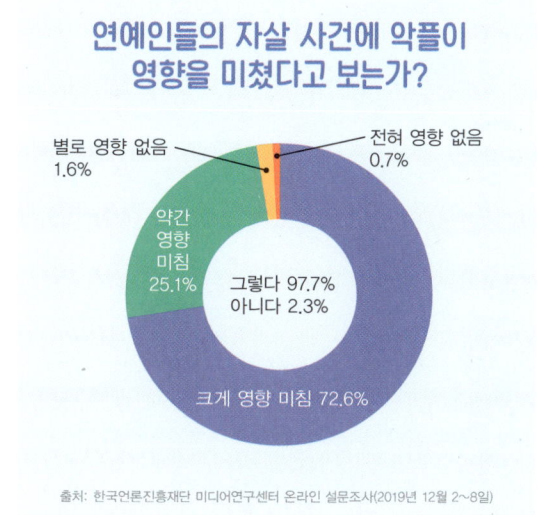

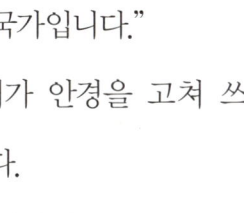 "그 일은 안타깝지만 제 생각은 달라요. 대한민국은 표현의 자유가 있는 민주주의 국가입니다."

주원이가 안경을 고쳐 쓰며 말했다.

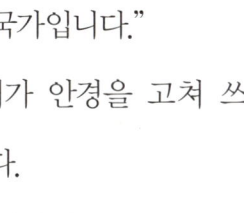 "대한민국 헌법에 따르면 모든 국민은 언론, 출판, 집회, 결사의 자유가 있습니다. 따라서 댓글 창을 없애 아예 의사 표현을 못 하게 막으면 안 됩니다."

태영이가 단호하게 말했다.

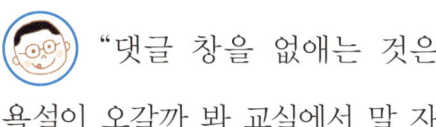 "맨 처음 연예, 스포츠 기사의 댓글 창을 없앤 이유는 심한 악플에 상처받는 사람이 있었기 때문입니다. 기사만 뜨면 우르르 몰려가 욕을 하니, 적지 않은 연예인이 우울증에 시달린다고 인터뷰한 걸 봤어요."

굳은 얼굴의 태영이는 차근차근 말을 이었다.

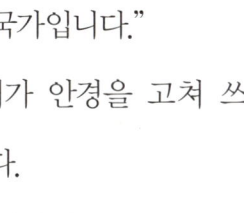 "댓글 창을 없애는 것은 욕설이 오갈까 봐 교실에서 말 자

> **용어 정리**
>
> **표현의 자유:** 민주주의의 기본권으로, 사상이나 의사를 외부에 드러낼 수 있는 자유를 말해요. 소수자가 자신의 목소리를 낼 수 있어야 대의 민주주의를 이룰 수 있고, 다수결의 원칙을 이용해 다수자가 소수자를 지배하는 현상을 방지할 수 있기 때문에 꼭 보장되어야 하는 중요한 권리예요.

체를 못 하게 하는 것과 똑같아요."

주원이가 큰 소리를 냈다.

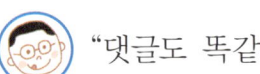 "댓글도 똑같습니다. 악플러 때문에 아예 댓글 기능을 없애면 좋은 의견을 내려던 사람들의 권리까지 빼앗는 거예요."

주원이 말에 여러 아이들이 고개를 끄덕였다.

"일리가 있는 의견입니다. 하지만 인터넷과 현실은 달라요. 실명이 아닌 아이디와 닉네임을 사용하니까요. 연예인을 눈앞에 두고서는 아무 말도 못 하는 사람이 과연 익명 뒤에서도 같은 태도를 보일까요?"

"맞아요. 우리에게도 표현의 자유가 있지만 교실에서 친구에게 욕을 하지는 않아요. 하지만 인터넷에서는 익명으로 글을 쓸 수 있으니 악플이 많을 수밖에요. 그러니 악플을 막기 위해 댓글 창을 닫아야 합니다."

최공평 선생님의 말을 듣고 태영이도 동의했다.

"저는 인터넷 댓글 창이 다 사라지면 사람들과 의견을 나눌 수 없어 답답한 세상이 될 것 같아요."

가만히 듣던 도현이가 말했다. 도현이의 지적에 아이들이 웅성거렸다.

"댓글은 사람들이 나누는 대화입니다. 기사를 보며 자신의 의견을 자유롭게 표현하는 거죠. 또 다른 사람이 어떻게 생각하는지도 알 수 있고요."

도현이는 댓글 창이 여러 사람 간의 의사소통 창구라고 지적했다.

"저는 댓글을 통해 사건에 대한 여러 의견을 알 수 있었어요. 욕

좀 한다고 아예 말을 못 하게 하면 안 되죠."

"좋은 지적입니다. 사람들은 뉴스 댓글을 통해 정보를 공유하고 서로의 의견을 나누고 건전한 토론을 하기도 해요."

선생님은 도현이를 바라보며 말씀을 이어 나가셨다.

"맨 처음 인터넷 언론사가 생겼을 땐 댓글 창이 없었습니다. 우리는 일방적으로 언론사의 기사를 읽기만 했죠. 하지만 온라인 뉴스에 독자가 의견을 표현하며 다양한 생각을 교류하게 되었습니다. 악플의 폐해가 커지기 전까진 댓글 창이 긍정적인 소통의 창구 역할을 했던 것, 알고 있나요?"

"네."

선생님 말씀에 모두가 한 목소리로 대답했다.

"제가 찾아보니 아예 댓글을 못 쓰게 하는 나라도 많았어요."

리아가 조심스럽게 나섰다.

"미국의 뉴스 전문 방송국인 CNN은 2014년에 일어난 한 사건 이후로 댓글 창을 아예 폐지했어요. 일본은 포털 사이트가 악플에 대한 책임을 지죠. 우리나라도 다른 나라처럼 적극적으로 악플을 막아야 한다고 생각합니다."

리아가 말하자 선생님은 관련 내용을 교실 화면에 띄웠다.

"자, 이 화면을 보세요. 해외는 악성 댓글 처벌 규정이 우리나라보다 훨씬 강력합니다. 사이버 폭력에 대한 과태료가 우리보다 대체로 높고, 중국은 악플을 받은 사람이 사망할 경우 3년 이하의 징역에 처하기도 하죠."

선생님의 엄숙한 말에 교실에 고요해졌다. 대부분 나라에서 댓글의 법적 책임이 매우 높아 보였다.

"다른 나라에서 규제한다고 우리나라도 규제를 해야 하는 것은 아닙니다. 자유로운 공간인 인터넷에 자기의 생각을 마음대로 올릴 수 없다면, 저는 늘 제 생각이 남에게 어떻게 보일지 미리 따지고 검열하게 될 것 같아요."

"맞아요. 그리고 우리나라 포털 사이트도 노력하고 있어요. 특히 AI 기술을 활용해 혐오 댓글을 적극적으로 보이지 않게 처리하고 악성 댓글은 차단합니다. 다들 지워지거나 가려진 댓글을 봤을 거예요."

해외 언론사·포털 사이트 댓글 정책		처벌 규제	
국가	정책 내용	국가	규제 내용
일본	야후 재팬(포털 사이트): 2002년 '프로바이더 책임 제한법' 제정. 포털 사이트가 악플에 대해 책임지도록 함.	독일	가짜 뉴스가 명백할 시 정보서비스 제공자 24시간 이내 삭제 의무화. 위반시 최대 5,000만 유로 (한국 돈약 650억 원) 과태료
영국	로이터(언론사): 2014년 댓글 창 폐지. BBC(언론사): 일부 기사만 댓글 허용, 조정 과정을 거쳐 댓글 내용 게시. 가디언(언론사): 2016년 댓글 7,000만 개 분석 후 인종·이민 등 논쟁될 만한 기사 댓글 불허.	미국	50개 주 중 44개 주가 사이버 폭력에 형사적 제재. 주 별로 처벌 수위가 다름.
미국	뉴욕타임스(언론사): 전체 기사의 10%가량만 표출 이후 24시간 댓글 허용. CNN(언론사): 2014년 '퍼거슨 시위' 이후 댓글 창 폐지.		

출처: 각 언론사, '포털 댓글과 뉴스 편집의 사회적 영향과 개선방안(2018)' 정책토론회 등

해외의 악성 댓글 정책

도현이 말에 아이들이 여기저기서 동의했다.

"그리고 포털 사이트 댓글만 닫는 건 소용없어요. 악플을 못 쓰게 된 사람들은 SNS나 커뮤니티로 옮겨 가서 활동합니다. 오히려 수법이 더 교묘해졌어요. 그러니까 무조건 소통을 막지 말고 온라인 예절 교육에 힘써야 합니다."

도현이가 으쓱거리며 자료를 보여 줬다.

"맞아요. 코로나19 이후 전 세계적으로 비대면 흐름이 더욱 강해졌어요. 우리 삶에서 온라인 활동의 비중이 높아지면서 정보가 더 빨리, 더 멀리 퍼져 나가지요. 악플도 마찬가지입니다. 악플은 쓴 사람이

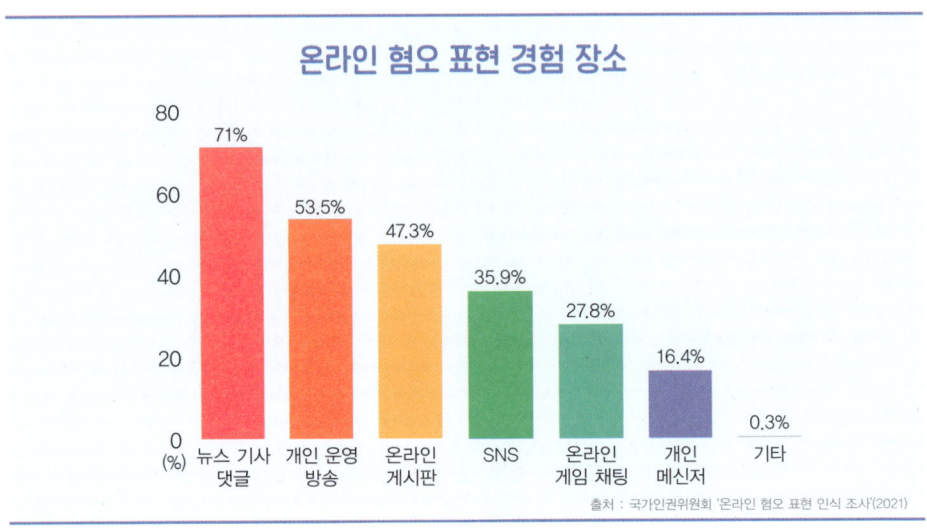

생각하는 것보다 더 큰 영향을 끼칠 수 있어요. 그러니 사이버 교육도 중요해요. 오늘도 알찬 토론 시간이었어요. 여러분이 이번 기회를 통해 악플에 대해 다시 한번 생각해 보는 계기가 되었길 바랍니다."

선생님은 토론에 참여한 아이들의 얼굴을 차례로 바라보셨다.

토론의 쟁점을 정리해 볼까요?

 주원  도현　　　　　　　 태영  리아

인터넷 뉴스 댓글 창, 필요하다!	인터넷 뉴스 댓글 창, 필요하지 않다!
표현의 자유를 누리는 것은 민주주의의 기본 권리이다.	악플 당사자들이 고통받기에 예방 차원에서 지속해야 한다.
연예 기사에만 댓글 창을 닫는 것은 형평에 맞지 않다.	해외 여러 국가들의 경우 우리나라보다 훨씬 강력하게 규제한다.

혐오 표현에 관한 국내 포털 서비스 업체의 입장

국내 포털 사이트는 어떤 기준으로 혐오 표현(증오 발언)을 관리하는지 알아볼까요?

〈증오 발언 근절을 위한 카카오의 원칙〉

1. 카카오는 출신(국가, 지역 등)·인종·외양·장애 및 질병 유무·사회 경제적 상황 및 지위·종교·연령·성별·성 정체성·성적 지향 또는 기타 정체성 요인 등을 이유로 특정 대상을 차별하거나, 이에 대한 편견을 조장하며, 일방적으로 모욕하거나 배척하는 행위에 반대합니다.

2. 카카오는 이러한 차별에 기반해 특정인과 특정 집단을 공격하는 발언을 증오 발언으로 정의합니다. (중략) 카카오는 이용자의 인권과 존엄성을 훼손하고 안전을 위협하는 증오 발언에 강경하게 대처하겠습니다.

3. 이용자는 카카오 서비스 내 공개된 공간에서 특정인과 특정 집단에 대한 폭력을 선동하거나 인간의 존엄성을 훼손하는 발언에 유의해야 합니다.

4. 카카오는 증오 발언을 근절하기 위해 앞으로도 정책, 기술, 서비스 기획 및 디자인을 고도화해 나가겠습니다. 더불어 사내 교육과 모니터링을 강화하는 등 내부로부터의 차별과 증오 발언을 경계하겠습니다.

출처 : 2021년 1월에 발간된 '카카오 증오 발언 대응 정책'

수술실에 CCTV가 필요할까?

"유나야, 이따 코인노래방 갈래? 영어학원 앞에 새 노래방 생겼어."

쉬는 시간이 되자 다인이가 폴짝거리며 유나한테 뛰어왔다.

"나 요즘 노래 부를 기분 아니야."

"왜? 무슨 일 있어?"

"우리 아빠가 병원에 CCTV 다는 문제로 스트레스 받으셔서 집안 분위기가 완전 가라앉았거든."

유나가 기운 없는 목소리로 대답했다.

"오, 너희 아빠 일하시는 병원에 CCTV 달아? 잘 됐다."

교실 구석에서 몬스터 카드를 가지고 놀던 은우가 CCTV라는 말을 듣자마자 냉큼 달려왔다.

"글쎄. 우리 아빠는 의사를 잠재적 범죄자 취급하는 것 같다고 상심이 크셔."

굳은 표정의 유나가 조그만 목소리로 중얼거렸다.

"범죄자 취급이라니, 말도 안 돼. 환자의 안전을 위해서 다는 거라고."

다인이가 유나의 말에 반박했다.

"넌 만약 교실에 CCTV 달아서 선생님이 수업 잘하는지 못하는지 부모님이 감시한다면 그게 옳다고 생각해? 의사도 똑같아."

힘들어하는 아빠가 생각났는지, 유나는 톡 쏘는 말투로 대꾸했다.

"어, 그런가?"

다인이가 고개를 갸웃거리는 사이 최공평 선생님이 들어오셨다.

"수업을 CCTV로 지켜본다고 생각하니, 조금 이상한 기분이네요."

"으악, 선생님!"

아이들은 갑자기 나타난 선생님 때문에 놀라서 펄쩍 뛰었다.

"저희는 선생님 이야기가 아니라 병원 CCTV 이야기였어요."

다인이는 새빨개진 얼굴로 급하게 변명했다.

"알고 있어요. 유나 말대로 우리나라 모든 병원의 수술실에 CCTV를 의무화하는 법안이 통과되었지만 여전히 잡음이 많죠."

선생님은 화면을 켜서 관련 뉴스를 창에 띄웠다.

"이 법안인데요, 여러 이유로 논란은 여전해요. 그럼 환자의 알 권리와 의료계의 반발이 맞서는 수술실 CCTV 설치에 대해 토론해 볼까요?"

토론을 시작하기 전에!

수술실 CCTV, 설치해야 한다!

부O대학교 병원에서 의사가 간호사에게 폭언하고 수술용 칼을 던졌다는 폭로가 나와 논란이 되고 있습니다.

수술실 안전, 이대로 좋은가!

부O대 병원 노조에 따르면 간호사들은 의사의 폭력적 상황에, 두려움에 떨고 있을 수밖에 없었다고 주장했습니다.

폐쇄된 공간에서 폭력 사건 발생

피해 간호사는 이날 부산 서부경찰서에 A 교수를 고소했습니다. 노조는 수술실에 CCTV가 없어 증거를 쉽게 확보할 수 없다는 점을 A 교수가 노렸을 가능성도 제기했습니다.

수술실 CCTV 필요성 제기돼

수술실 CCTV, 설치하지 말아야 한다!

사실 수술 중에는 언제나 갑자기 예기치 못한 상황이 생길 수 있어요. CCTV를 설치한다면 그런 부담감이 있는 업무 자체를 아예 기피하게 될 것입니다. 지금도 기피 대상인 흉부외과, 외과 등은 더 외면하게 되겠지요.

CCTV로 모든 수술을 감시받는다면 평소 잘하던 수술에서조차 긴장할지도 모릅니다. 게다가 나중에 법적인 문제가 생길 만한 고위험 수술은 모두 피하고 싶어지지 않을까요?

CCTV 설치에 대한 강제는 의사에 대한 불신의 표시이며, 환자의 치료나 회복 과정에 전혀 도움이 되지 않습니다. 결국 환자들의 치료 선택권을 제한하는 결과를 초래할 것입니다!

"의료 사고 피해가 잇따르면서 오랜 논의 끝에 수술실 CCTV가 의무화되었어요. 당장 시행하라는 여론과 난색을 표하는 의료계의 입장 차가 분명하죠."

"선생님, 저는 여론이 원하는 게 무조건 옳은 일은 아니라고 생각해요."

유나가 곧장 말을 이었다.

"그래, 선생님도 유나 의견이 궁금하니 말해 보렴."

"아빠에게 들었는데 전 세계 어느 나라도 수술실에 CCTV를 설치하지 않는대요. 즉, 우리나라만 의무적으로 설치하죠."

"정말이야?"

유나가 또박또박 말하자 은우가 눈을 동그랗게 떴다.

"응, 미국은 우리나라처럼 하려다가 결국 안 하기로 했대. 그렇죠, 선생님?"

"맞아요. 미국에서는 두 차례에 걸쳐 수술실 CCTV를 의무화하려다 무산되었어요. 유나 말처럼 대한민국이 전 세계에서 유일하게 수술실 CCTV를 법제화했습니다."

최공평 선생님이 차분하게 설명했다.

"전 다른 나라들은 이미 시행하고 있을 거라고 생각했는데, 놀랍네요. 하지만 저는 이 제도에 찬성합니다."

은우는 진지한 표정으로 말했다.

"저는 의사 대신 간호사가 800번 넘게 수술했다는 뉴스를 보았습니다. 심지어 간호사도 아닌 의료기기 업체 직원이 수술해 뇌사에 빠진 환자도 있었습니다. CCTV가 있었다면 이런 사고가 일어나지 않았겠죠."

"정말?"

은우의 말에 반 전체가 술렁였다. 대리 수술 이야기의 충격은 생각보다 엄청났다.

"정은우, 넌 맨날 뉴스도 잘 안 보고 놀기만 하면서 어떻게 알아? 아무렇게나 헛소문 지어내지 마."

유나는 6학년 1반 개구쟁이로 통하는 은우를 의심스럽게 쳐다보았다.

"은우의 말은 사실입니다. 여기 관련 기사를 보죠."

선생님은 갖가지 대리 수술 사례를 화면에 띄웠다.

"보다시피 2019년에는 1천여 차례 성형 수술을 집도한 간호조무

해외의 수술실 CCTV 설치 사례

여러 나라에서 수술실 내 CCTV 설치가 논의된 일이 있으나 실제로 도입한 국가는 아직 없습니다. 2018년, 미국 위스콘신주에서 의료사고로 환자가 숨지자 수술실 CCTV 설치 법안이 발의됐으나, 여러 쟁점 때문에 통과되지 못했지요. 미국 매사추세츠주에서도 비슷한 일이 있었지만 의료 기관의 반발로 설치 의무화는 이뤄지지 않았습니다. 전 세계 의사들을 대표하는 기구인 세계의료협회(WMA) 또한 수술실 CCTV 설치를 반대합니다. WMA는 "현재 추진되는 수술실 CCTV 설치 의무화가 환자와 의사의 신뢰를 바탕으로 이뤄져야하는 의료의 본질을 훼손할 수 있다"라며 "의료 행위가 위축되면 궁극적으로 그 누구에게도 이득이 될 수 없다"고 비판했지요.

사 사건이 일어났고, 2021년엔 병원 행정 직원이 조직적으로 수술을 맡는 등 수십 건의 비슷한 사례가 있었어요. 안타깝게도 몇몇 환자는 사망했다고 해요."

그러면서 선생님은 씩씩대는 유나에게 엄한 목소리로 덧붙였다.

"유나야, 객관적 사실을 확인하지 않고 친구를 깎아내리거나 함부로 의심하면 안 돼. 성숙한 자세로 토론에 임해야지."

"네, 선생님."

"그럼 은우가 계속 말해 보자."

"네, 환자는 수술실에서 마취를 하고 나면 잠에 빠지고 수술하는 의사가 누군지, 수술실에서 무슨 일이 일어나는지 알 수 없죠. 따라서 자신의 생명을 지키기 위해 수술실 CCTV는 필수입니다. CCTV만 생기면 대리 수술도 사라질 거예요."

조리 있는 설명에 아이들이 은우를 보았다. 은우는 평소에 장난치던 때와 달리 눈이 반짝거렸다.

"에이, 그건 아니죠."

서준이가 혀를 찼다.

"편의점에 CCTV가 있다고 도둑이 사라지나요? 아닙니다. 거리와 건물에 CCTV가 많고 자동차 블랙박스가 있지만 그래도 사고는 계속 일어나요."

"진짜 그런가?"

다인이가 주변을 두리번거렸다.

"그래도 CCTV가 있으면 의사들이 조심하지 않을까요? 특히 그동안 벌어진 불법 대리 수술은 막을 수 있겠죠. 환자의 알 권리를 위해서도 수술실 CCTV는 꼭 필요하다고 생각해요."

은우는 단호하게 말했다.

여기저기서 아이들이 고개를 끄덕였다.

"아니요, 오히려 그 반대일지도 몰라요."

유나가 침울하게 입을 열었다.

"CCTV가 있으면 수술하다 응급 상황이 발생했을 때 적극적으로 진료하기 어려워요. 저희 아빠는 외과 의사인데 누군가 지켜보면 부담스러워서 자신 있게 수술하기 힘들다고 했어요. 혹시라도 소송당할까 봐 무서워서요."

유나는 아빠에게 들은 내용을 전했다.

"그리고 아빠는 수술 과정을 녹화한다면 위험한 수술을 많이 하는 외과 전공의가 줄어들지 모른다고 걱정했어요. 2022년 의료윤리학회에서 수련의를 대상으로 진행한 조사에 따르면 수술실 CCTV를 설치할 때 고위험 수술 회피를 가장 크게 우려하는 것으로 나타났어요. 아빠는 지금도 외과 의사가 부족한데 앞으로 더 심해질 게 뻔하대요.

그러면 결국 환자 손해잖아요."

"유나의 말은 의료계의 의견입니다."

선생님은 대학 병원 전문의와 수련의를 대상으로 실시한 설문 조사 결과를 화면에 띄웠다.

"저는 의사들이 왜 반대하는지 이해를 못 하겠어요. 떳떳하게 수술하면 되잖아요."

다인이가 어깨를 으쓱했다.

"절차에 따라 수술하고 거리낄 것이 없으면 오히려 좋을 거예요. 혹시 모를 의료 소송에 휘말렸을 때 제출할 증거도 생기고요."

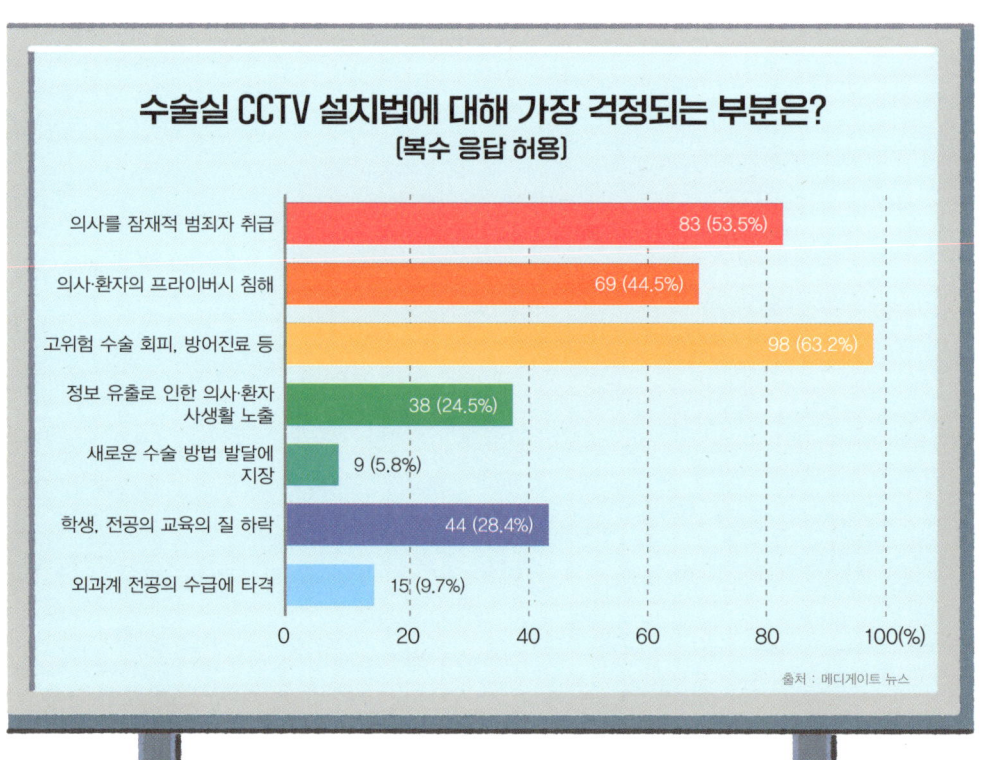

"동의합니다. 수술 중에 이상한 짓을 안 하면 되지요. 게다가 조사 결과에 따르면 국민들은 대부분 CCTV 설치를 원한다고요."

은우가 금세 맞장구를 쳤다.

"다수의 국민들이 CCTV 설치를 찬성하는 건 사실이에요. 두 조사에 응한 국민들은 CCTV 설치 찬성 이유로 의료사고 등에 대한 증빙자료 수집과 대리 수술·성희롱 등 불법 행위 감시, 의료진 갑질 행태 개선과 환자 인권 보호가 필요하다는 점을 꼽았다고 하네요."

최공평 선생님이 조사 결과를 좀 더 자세하게 설명해 주셨다.

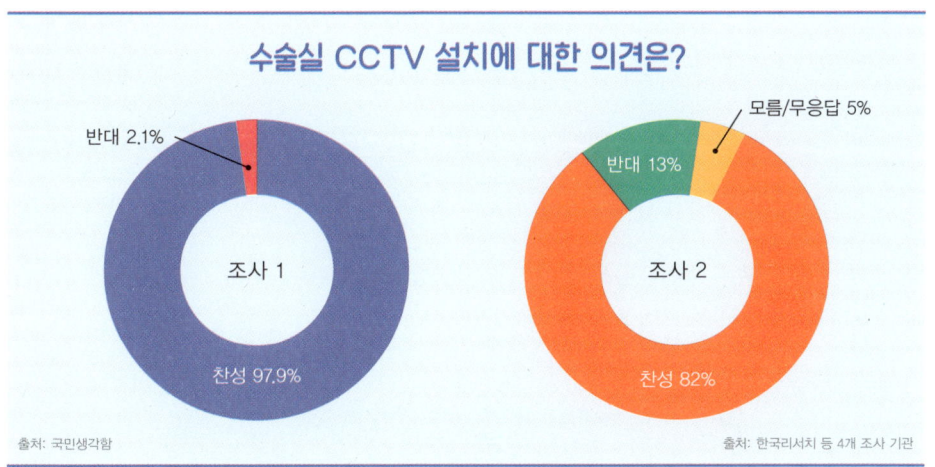

"수술할 때 이상한 행동을 하는 의사는 극소수에 불과해. 아빠한테 들었는데 대부분의 의사는 환자의 건강과 회복을 최우선으로 생각해서 수술해. 환자가 믿고 따라야 치료가 성공적으로 이뤄질 수 있는 거야. 무조건 의심부터 하면 의사는 수술뿐 아니라 약을 권하는 것조차 어렵대."

유나가 아빠에게 들은 이야기를 전하며 울먹이기 시작했다.

"어? 유나야, 그런 뜻이 아니라……."

당황한 다인이와 은우가 어물거렸다. 친구 아빠가 관련된 일이라 서로 마주보기만 했다.

"유나야, 괜찮아?"

유나가 책상에 엎드리자 같은 주장을 하던 서준이가 냉큼 달려갔다.

"토론 열기가 지나치게 뜨거워졌네요. 그만큼 여러분이 진지한 자세로 토론한다는 뜻입니다."

최공평 선생님은 과열된 분위기를 진정시켰다.

"무엇보다 국민적 요구에 따라 수술실 CCTV 의무 설치에 관한 법이 제정되었다는 점을 잊지 마세요. 현재 남은 문제는 설치 예산 확보와 시기 등 세세한 문제입니다. 오늘 토론을 통해 이 문제를 깊이 생각해 보았으니, 앞으로도 관심을 가지면 좋겠네요."

토론의 쟁점을 정리해 볼까요?

 은우  다인　　　　　　　　　　　 유나 서준

수술실 CCTV, 설치해야 한다!	수술실 CCTV, 설치하지 말아야 한다!
환자는 자신의 생명에 직결된 사안에 대해 알 권리가 있으며 대리 수술 같은 불법 의료 행위를 예방할 수 있다.	의사가 고위험 수술을 회피하고 방어 진료를 하는 등 오히려 환자에게 위험을 초래한다.
여러 의료 분쟁에서 의사의 권익을 보호할 수 있다.	의사를 잠재적 범죄자 취급하는 셈으로 수술이 많은 전공을 기피하게 된다.

상대방에게 알리지 않은 통화 녹음은 막아야 할까?

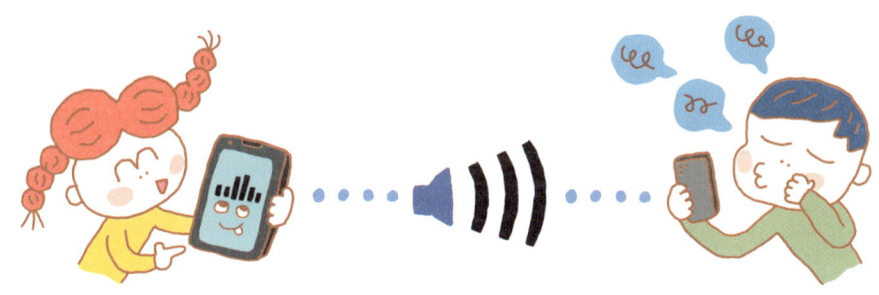

"송리아, 어제 통화 내용 당장 지워."

선생님이 잠시 교실 밖으로 나가자 은우가 씩씩거리며 외쳤다.

"싫어. 싫단 말이야."

리아는 휴대 전화를 두 손에 꼭 쥐고 외쳤다.

"상대방 허락 없이 통화를 녹음하면 불법이야. 절대 안 된다고. 그러니까 당장 지워!"

"불법?"

리아가 물끄러미 은우를 쳐다보았다.

"정말이야? 하지만 일부러 녹음한 건 아니야. 내 전화기는 자동으로 통화가 녹음돼. 엄마가 그렇게 설정해 놓으셨어."

"아, 몰라몰라. 아무튼 내 목소리 빨리 지워! 지우라고."

은우는 얼굴이 빨개진 리아를 다그쳤다.

"대체 무슨 내용이기에 은우가 이렇게 지우라고 난리야?"

호기심이 생긴 서준이가 코를 벌름거리며 물었다. 어쩐지 재미있는 일이 일어난 것 같았다.

"은우가 어제 통화하다가 우리 담임 선생님 성대모사를 했거든. 최공평 선생님이랑 완전 똑같아."

리아가 생긋 웃으며 대답했다.

"진짜? 나도 들어 볼래."

"나도 나도."

갑자기 주변 아이들이 은우의 성대모사를 듣겠다고 떠들었다.

"안 돼, 절대 안 돼!"

은우는 아이들이 몰려들자 허둥거렸다.

"무슨 일로 이렇게 소란스럽니?"

선생님이 교실로 들어왔다.

"아무 일도 아니에요, 선생님."

은우는 두 팔을 휘휘 저으며 억지웃음을 지었다. 선생님을 우스꽝스럽게 흉내 낸 일을 들키지 않으려고 아무렇지 않은 척했다.

"어제 은우가 전화하면서 선생님 성대모사를 했는데 리아가 그걸 녹음했대요. 그래서 은우가 지우라고 소리 질렀어요."

"야, 주다인!"

당황한 은우가 화를 내며 다인이에게 외쳤다.

"우리 반은 하루도 조용할 날이 없구나."

최공평 선생님은 아이들을 한 차례 둘러보았다.

"마침 토론 예정인 통화 녹음 금지에 딱 들어맞는 일이 생기다니, 재미있네요. 그럼 토론을 통해 오늘 일을 어떻게 해결할지 알아볼까요?"

선생님은 낯빛이 발갛게 상기된 은우와 여전히 당황한 표정의 리아에게 차례로 말했다.

"네, 선생님."

은우와 리아는 동시에 고개를 끄덕였다.

토론을 시작하기 전에!

'상대 동의 없는 통화 녹음' 하면 안 된다!

논란이 됐던 '통화 녹음 방지법'을 대표 발의했던 의원이, 지난달 발의한 법안을 철회하고 일부 조항을 수정한 개정안을 발의했습니다.

대화 참여자 전원의 동의 없이 통화를 녹음할 수 없는 법안 발의!

개정안은 녹음 행위가 공공의 이익에 관한 때는 처벌하지 않는다는 조항을 신설했습니다.

공익이 목적이어야 한다는 예외 조항 있어

법안을 발의한 의원은 "사생활의 자유, 통신 비밀의 자유를 보장하고 행복추구권의 일부인 '음성권' 침해를 막기 위해 법 개정이 필요하다"는 입장입니다.

사생활의 자유 보장하고, 음성권 침해 막아야

'상대 동의 없는 통화 녹음' 필요하다!

국민 약 세 명 중 두 명이 통화 녹음 금지법을 반대한다는 여론 조사 결과가 나왔습니다. 전국 18세 이상 남녀 503명을 대상으로 조사한 결과 '통화 녹음이 내부 고발 등 공익 목적으로 쓰이거나 자신을 보호하기 위한 용도로 쓰일 수 있으므로 법안 발의에 반대한다'는 응답이 64.1%로 나타났습니다.

국민 세 명 중 두 명, 일명 '통화 녹음 금지법' 반대

반대로 '통화 녹음이 협박 수단으로 악용되는 경우도 있고, 사생활 인격권을 침해할 수 있으므로 법안 발의에 찬성한다'는 응답은 23.6%였습니다. 두 응답 간 차이는 40.5%P인 것으로 나타났습니다.

통화 녹음, 나를 보호하는 수단으로 쓰이기도 해

연령대별로는 연령이 낮을수록 반대 비율이 높은 것으로 조사됐습니다. 만18~29세는 반대가 약 80%, 30대는 약 75%, 60대는 약 50% 정도였습니다.

연령이 낮을수록 반대 비율이 높아

"얼마 전, 한 국회 의원이 통화 녹음 금지 법안을 발의했다가 철회했어요. 만약 이번 통신비밀보호법 개정안이 국회에서 통과되었다면 대화 참여자 전원의 동의 없이는 당사자 간 녹음을 할 수 없었을 거예요. 즉, 은우와 리아가 전화 통화를 할 때 리아가 녹음하려면 꼭 은우의 동의를 구해야 했지요. 그런데 국민 사이에서도 이 법안을 반대하는 의견이 많았어요. 결국 법안은 철회되었지요. 그래도 우리 반에서 비슷한 문제의식을 갖는 친구들이 있으니 함께 토론해 보면 좋겠네요."

"저는 중요한 걸 깜박하는 일이 많아서 엄마가 일부러 모든 통화를 녹음하도록 설정해 두셨어요. 엄마가 출근하고 통화로 내 주시는 숙제가 기억 안 나면 들어 볼 수 있도록 말이에요. 아래 조사에서도 통화 녹음 금지법을 반대하는 사람이 많던데, 이런 순기능 때문 아닐까요?"

"저는 강력하게 반대합니다."

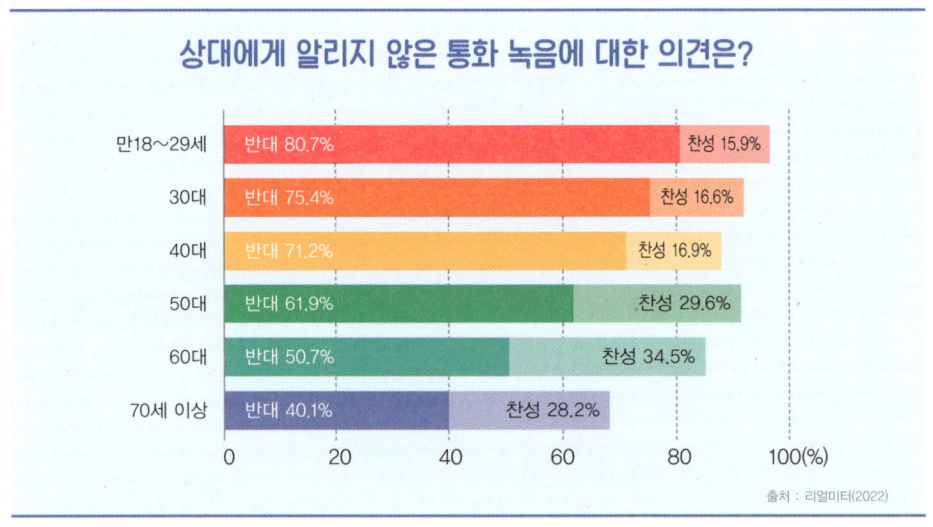

상대에게 알리지 않은 통화 녹음에 대한 의견은?

	반대	찬성
만18~29세	80.7%	15.9%
30대	75.4%	16.6%
40대	71.2%	16.9%
50대	61.9%	29.6%
60대	50.7%	34.5%
70세 이상	40.1%	28.2%

출처: 리얼미터(2022)

은우는 주먹을 불끈 쥐고 일어섰다.

"저는 리아를 친구라고 생각했는데, 친구 사이에 몰래 통화 녹음을 당하니 정말 기분이 나빠요."

은우가 노려보자 리아가 고개를 숙였다.

"만약 지금처럼 통화 녹음 기능을 그냥 놔두면 전화를 할 때마다 불안할 것 같아요. 감시당하는 기분이라 마음껏 말을 못 하겠죠."

"저도 은우 생각에 동의합니다."

서준이가 흥분한 은우 옆에서 일어섰다.

"통화 녹음이 꼭 필요한 곳도 있지만 모든 통화를 다 녹음하면 안 됩니다. 오늘 일어난 사건처럼 서로 믿지 못하는 불신 사회가 될지도 몰라요. 친구에게까지 말조심해야 하면 누구한테 속마음을 털어놓죠?"

서준이는 침착하게 말을 이었다.

"저는 모든 통화 녹음에 반대하지는 않아요. 공공기관이나 고객 센터에서는 통화를 녹음하겠다는 안내 후 통화 내용을 녹음해요. 폭언과 욕설을 하는 고객이 많기 때문입니다. 이처럼 필요한 상황에, 안내하고 녹음하는 건 괜찮다고 생각해요."

은우와 달리 서준이는 차분하게 말했다.

"하지만 모든 대화를 무분별하게 녹음하는 일은 막아야 합니다. 공익 목적이 아닌 사적인 대화를 할 때 말하는 사람에게 녹음 사실을 알려 주지 않으면 사생활 침해 같아요. 사생활은 법으로 보호받고 있다고 알고 있습니다. 자료를 보니 해외에서도 사생활 침해 때문에 통화 녹음을 금지하는 국가가 많고요. 그래서 핸드폰 제조업체도 국가에 따라서 녹음 기능이 없는 핸드폰을 판매하기도 한대요."

미국	캘리포니아 등 12개 주는 상대방 동의 없는 녹음 금지
프랑스	대화 녹음 파일 소지만으로 형사 처벌
독일, 아일랜드, 호주, 캐나다	상대방에게 녹음 의도 명확히 설명하고 동의 받으면 가능
영국, 일본, 덴마크, 핀란드	녹음은 가능, 다른 용도 사용은 불법

외국의 통화 녹음 관련법 현황

말을 마친 서준이가 선생님을 보았다.

"서준이가 아주 좋은 예를 들었네요. 대한민국 헌법에는 모든 국민은 사생활을 침해받으면 안 된다고 명시되어 있습니다. 이렇듯 토론할 때는 객관적인 근거를 제공하면 주장에 힘이 실리죠."

선생님의 칭찬에 서준이가 어깨를 으쓱거렸다.

"지금까지 통화 녹음은 갑질, 언어폭력 같은 피해를 보았을 때 그 사실을 알리는 증거로 사용되었어요. 그런데 미리 통화 녹음 사실을 말한다면, 이런 증거를 잡을 수 없을 거예요."

다인이는 또박또박 자신의 주장에 근거를 들었다.

"얼마 전 한 대기업 회장이 직원에게 폭언하는 통화 내용이 공개되어 처벌을 받았어요. 폭언을 일삼던 회장이 만약 녹음 사실을 알았다면 폭언을 했을까요? 그리고 피해자에게 대화 녹음 내용이 없었다면 아마 그 회장은 무죄를 선고받았을지도 몰라요. 재판에서는 증거가 중요하니까요."

"중요한 지적입니다."

최공평 선생님이 설명을 덧붙였다.

"재판에서 피해자의 주장만으로 범죄는 성립되지 않고 증거가 반드시 필요한 경우가 있습니다. 허위 사실로 타인을 처벌받게 하려는 행위는 무고죄에 해당해요."

중요한 내용에 반 아이들이 모두 귀를 기울였다.

"만약 피해자의 유일한 증거인 통화 녹음이 불법이 되면 어떡하죠? 피해자는 무고죄를 뒤집어쓰거나 억울해도 참을 수밖에 없어요."

다인이는 야무진 목소리로 주장했다.

"언론 앞에서 거짓말하고 뒤에서 다른 말 하는 사람이 매우 많아요. 뻔뻔하게 우기다가 자신의 통화 녹음이나 메시지가 공개되어 사과하는 경우도 있죠. 만약 통화 녹음이 불법이 된다면 다시는 그런 폭로 뉴스를 못 볼지도 몰라요."

리아 말에 몇몇 아이들이 고개를

> **용어 정리**
>
> **무고죄**: 형법 제156조. 타인으로 하여금 형사처분 또는 징계처분을 받게 할 목적으로 공무소 또는 공무원에게 허위 사실을 신고하는 죄를 말해요.

끄덕이며 공감을 표했다.

"경찰도 증거를 잡으려고 오랫동안 용의자를 따라다녀요. 범인이 교묘하게 숨기면 증거를 찾기 매우 어렵죠. 통화 녹음도 똑같다고 생각합니다. 누가, 언제 나쁜 짓을 할지 아무도 몰라요. 그래서 저는 모든 통화를 녹음해요."

"맞습니다. 사고와 범죄는 어느 날 갑자기 일어나요. 그래서 CCTV도 24시간 내내 거리를 촬영하지요. 통화도 미리 고지한 뒤 녹음을 하면 너무 늦다고요."

다인이가 또박또박 말을 보탰다. 적지 않은 애들이 동의하는 듯했다.

"솔직히 저는 녹음보다 통화 내용 공개가 더 큰 문제라고 생각해요. 아무리 공익을 위한 내용이라도 수치스러운 부분이 공개되어서는 안 됩니다."

마음이 답답한지 은우가 한숨을 쉬었다.

"전 리아가 시켜서 했을 뿐인데 만약 제가 선생님을 흉내 낸 부분만 공개되면 너무 억울할 것 같아요. 그리고 초상권처럼 음성에도 권리가 있다고 들었습니다. 찍은 사진을 공개할 때처럼 목소리를 증거로 공개할 때도 당연히 조심해야 돼요."

은우가 투덜대자 나머지 애들이 여기저기서 맞장구를 쳤다.

"인터넷에 통화 내용을 올리면 순식간에 전 세계로 퍼져요. 한번 업로드한 파일을 완전히 지우는 것은 거의 불가능해요. 저와 리아의 통화 내용이 온라인에 떠돌면 전 정말 평생 괴로울 거예요. 그만큼 녹

음 파일 공개는 신중해야 합니다."

은우는 함부로 타인의 대화 내용을 공개했을 때 벌어질 일을 경고하며 단호하게 말했다.

"이쯤 되니 저도 은우의 성대모사를 듣고 싶지만 사안이 사안인 만큼 참겠습니다."

최공평 선생님이 빙긋 웃으셨다.

토론의 쟁점을 정리해 볼까요?

리아 다인 　　　　　　　　　　　　　　　　은우 서준

상대방에게 알리지 않은 통화 녹음, 가능해야 한다!	상대방에게 알리지 않은 통화 녹음, 불법이어야 한다!
통화 녹음은 범죄 행위를 입증하는 유일한 수단인 경우가 많다.	자기 음성에 대한 권리(음성권)를 주장할 수 있다.
미리 고지한 뒤에 녹음하려면 이미 늦거나 무용지물이 되는 경우가 많다.	불신을 조장한다.

부모 마음대로 자녀의 사진을 인터넷에 올려도 될까?

"재하야, 너 수면바지 예쁘더라. 어디서 샀어?"

쉬는 시간을 알리는 종이 울리자 리아가 재하에게 다가갔다.

"네가 내 수면바지를 어떻게 알아? 집에서만 입는 옷인데."

"인스타에서 봤어. 분홍색에 아기 돼지 그려진 바지잖아. 엄청 귀엽더라."

"뭐라고?"

리아가 다운받은 사진을 보여 주자 재하는 울상이 되었다. 방바닥에 누워서 찍은 사진이 엄마의 인스타그램 피드에 올라와 있어서 화가 난 모양이었다.

"재하야. 이 사진에 '좋아요'가 2만이나 돼. 너희 엄마 인기 짱이다."

"흑흑."

유난히 큰 재하의 눈에서 눈물이 뚝뚝 떨어졌다. 재하는 마음에 들지 않는 사진이 널리 퍼져 속상한지 책상에 엎드렸다.

"리아 너, 재하한테 굴욕 사진이라도 보여 줬냐? 재하 울잖아."

재하 짝인 도현이가 얼굴을 찌푸렸다.

"아니야, 재하 엄청 이쁘게 나왔어. 난 이 바지 따라 사려고 물어봤을 뿐이야."

당황한 리아가 아이들에게 재하의 사진을 보여 주었다.

"내 잠옷 사진 보여 주지 마. 창피하다고!"

재하가 꽥 소리를 지르자 6학년 1반 전체가 깜짝 놀라 조용해졌다.

"미, 미안해. 재하야."

리아는 친구가 화를 내자 눈치를 슬금슬금 보며 사과했다.

"어휴, 허락도 안 받고 함부로 아이 사진을 SNS에 올리지 말았으면 좋겠어. 우리 엄마도 내 사진이 귀엽다며 내 의견은 묻지도 않고 막 올리신다니까."

도현이는 팔짱을 끼고 말했다.

"엄마 아빠는 나쁜 의도 없이 올린 거잖아."

주원이가 도현이와 반대 의견을 냈다.

"아무리 자식이라도 사생활은 지켜 줘야지."

도현이와 주원이가 티격태격하는 사이 최공평 선생님이 헛기침을 하셨다.

"으흠, 너희들 셰어런팅 문제에 대해 이야기하는구나?"

"셰어런팅이요?"

아이들은 약속이나 한 것처럼 동시에 말했다.

"셰어런팅은 공유를 뜻하는 셰어(share)와 부모를 뜻하는 페어런츠(parents)의 합성어로, 자녀의 모든 일상을 SNS에 올리는 부모를 뜻하지."

선생님 말씀이 시작되자 재하가 눈물을 닦으며 울음을 그쳤다.

"그럼 다 같이 우리나라뿐 아니라 세계 여러 나라에서 문제가 되는 셰어런팅 문제에 대해 토론해 보자."

> 토론을 시작하기 전에!

동의 없는 아이 사진 공유, 잘못이다

캐나다 앨버타주 캘거리시에 사는 13세 소년 대런 랜들은 자신의 부모를 상대로 합의금을 요구하는 소송을 제기했습니다. 부모가 자신의 어린 시절 '굴욕 사진'을 찍어 10년 넘게 페이스북에 올렸다는 이유에서입니다.

13세 소년, 부모 상대로 소송 제기!

아기였던 자신의 얼굴에 초콜릿을 묻혀 놓고 사진을 찍는다든가, 맨몸을 찍어 온라인에 올려놨다는 것인데요. 대런은 "부모가 찍어 올린 사진들이 자신의 이미지를 심각하게 훼손했다"고 주장했습니다.

자신의 이미지를 훼손했다고 주장해

대런은 "앞으로 태어날 아기들이 법적으로 스스로를 보호할 수 있도록 하기 위해 부모를 고소했다"고 밝혔습니다.

법적인 보호 위해 고소를 강행했다고 밝혀

사진 공유, SNS 시대의 자연스러운 현상이다!

전 세계 어린이들의 장래 희망 1위로 '유튜버'가 선정되었습니다. 미국 여론조사기관 해리스폴이 완구업체 레고와 함께 미국, 영국, 중국의 8~12세 어린이 3,000명을 대상으로 조사한 결과 약 30%가 유튜버가 되고 싶다고 밝혔습니다.

어린 세대, 소셜 미디어에서 영향력 얻길 원해

영국의 한 여행사 조사에서도 6~17세 응답자 34%가 유튜버를 장래희망으로 선택해, 소셜미디어에서 영향력을 얻고 싶어 하는 세대의 특징이 잘 드러났습니다.

아이들이 등장하는 유튜브 조회수 높아

2017년 유튜브 수익 1위를 기록한 것은 7세 소년이었습니다. 그는 2018년 한 해 동안 무려 2,200만 달러(한국 돈 약 260억 6,000만 원)를 벌어들였다고 합니다. 아이들이 등장하는 유튜브 영상은 이를 반복적으로 소비하는 어린이 시청자의 특성 때문에 수익이 높은 편입니다.

7세 소년, 2017년 유튜브 수익 1위

"전 세계적으로 SNS가 널리 사용되면서 여러 사회 현상이 생겼어요. 그중 셰어런팅은 어린이와 연관된 아주 중요한 문제지요. 오늘은 재하가 먼저 의견을 말해 볼까요?"

"네, 선생님."

재하가 조심스레 입을 열었다.

"저희 엄마는 팔로워가 30만 명인 인스타그램 인플루언서예요. 주로 요리 사진을 올리시지만 가끔 제 사진도 올려요. 그런데 수면바지 차림 사진까지 올리신 줄은 정말 몰랐어요. 제발 엄마가 제 모습을 SNS에 올리지 않으면 좋겠어요."

재하가 다시 울먹거리며 말을 이었다.

"엄마는 제가 귀여워서 자랑하는 거라지만 전 싫어요. 제가 뭘 먹는 모습 같은 일상 사진을 찍는 것도 별로지만, 가끔 저한테 물어보지도 않으시고 누워서 텔레비전 보는 모습 같은 걸 올려서 정말 속상해요."

재하의 얼굴은 귀까지 빨개졌다.

"하지만 수면바지도 귀엽고 재하도 엄청 예쁘게 나왔어요. 만약 굴욕 사진이었으면 제가 어떻게 본인에게 물어보겠어요."

리아는 억울하다며 항변했다.

"저는 재하 엄마 인스타를 팔로우하는데, 거기 사진은 다 잘 나왔어요. 재하 엄마가 사진을 엄청 잘 찍으시거든요. 그래서 재하도 인기가 많아요."

 "그건 재하가 원래 예뻐서 그런 거고."

도현이가 갑자기 던진 한마디에 아이들이 웅성거렸다. 고백처럼 들렸기 때문이다.

 "아니, 나는 예쁜 사진이라도 인터넷에 허락 없이 올리면 안 된다는 말을 하려던 거였어."

당황한 도현이가 두 손을 저었지만 아이들이 킥킥거렸다.

"여러분, 토론 중에는 주제에 관련된 내용에 대해서만 말하세요."

선생님이 나서서 어수선한 분위기를 진정시키셨다.

 "부모님이 사진을 올릴 때마다 허락을 구하는 건 사실상 어렵습니다."

맨 뒷줄에 앉은 주원이가 차분하게 말했다.

"아주 어린 아기에게는 어떻게 허락을 받나요? 말도 못 하는데요. 또 부모님과 항상 함께 있는 게 아니잖아요. 그러니 허락을 받으라는 주장은 억지입니다."

주원이는 확신에 찬 표정으로 반 전체를 둘러보았다.

"동의합니다. 부모님은 자식을 괴롭히려는 게 아닙니다. 사랑하는 내 아이를 자랑하려고 사진을 올릴 뿐이죠. 그러다 그 아이가 유명해지면 진짜 스타가 될지도 몰라요. 한 조사 결과를 보니 장래 희망 1위가 콘텐츠 크리에이터던데, 부모님을 통해 새로운 기회를 얻을 수도 있고요."

주원이의 의견에 동의하는 아이들이 쭈뼛거리며 서로 마주 보았다.

"있을지 없을지도 모르는 기회 때문에 원하지 않는 일을 참아야 하나요? 그리고 제 생각에 내가 직접 올리는 동영상과 남이 올리는 동영상은 엄연히 달라요."

도현이가 말했다.

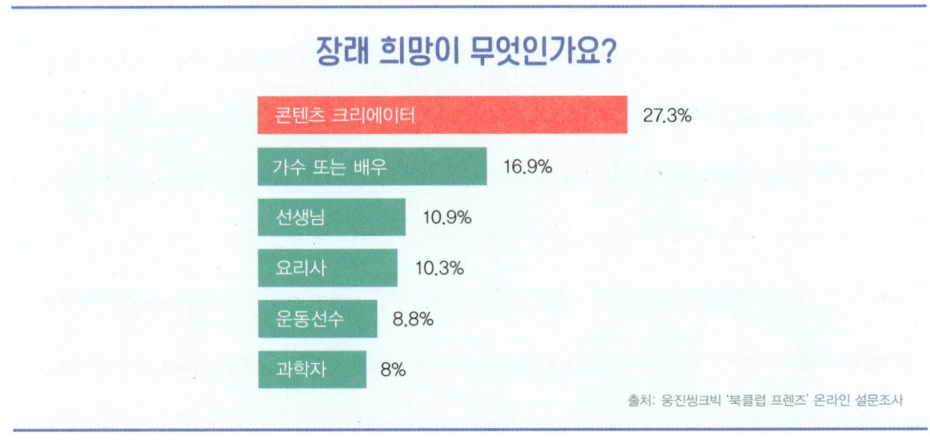

"저는 SNS에 마음에 안 드는 부분은 편집해서 동영상을 올려요. 가끔은 필터도 쓰고요. 딴 친구가 멋대로 올린 동영상에 제 흑역사가 될 수도 있는 사진이 있으면 정말 괴로워요."

> **용어 정리**
>
> **초상권:** 자신의 얼굴이 허락 없이 촬영되거나 배포되지 않을 권리를 말해요. 헌법에서 인정하는 인격권으로, 허락 없이 얼굴이 전시되었을 경우 손해배상을 청구할 수 있어요.

"맞아요. 어린이에게도 분명히 초상권이 있습니다."

재하가 눈물을 닦으며 천천히 말했다.

"네, 대한민국 헌법에는 모든 국민이 자신의 초상, 즉 신체 모습이 함부로 촬영되거나 공포되지 않을 권리가 있다고 나와 있습니다. 당연히 어린이도 예외는 아니죠."

선생님은 어려운 법률 이야기를 설명해 주셨다.

"초상권도 중요하지만 주변을 보세요. 모든 사람이 다 스마트폰을 씁니다."

리아가 조심스럽게 입을 열었다.

"국민 대부분이 온라인에 일상을 공유해요. 음식 사진이나 가족이나 친구와 찍었던 사진도 올리죠. SNS가 발달하면서 생기는 자연스러운 현상이라고 생각해요. 보통 부모님은 아이와 보내는 시간이 많으니 아이 사진을 올릴 수밖에 없을 거예요. 또 온라인에 모인 많은 사람에게 예쁜 내 아이를 자랑하고 싶기도 하고요."

"맞아. 다들 귀엽거나 잘 나온 사진을 올리더라. SNS에 자녀 사진과 동영상을 올려 행복한 모습을 공유할 뿐이야. 다른 의도는 없다고."

주원이가 맞장구를 쳤다.

"이미 셰어런팅은 일상적으로 이루어지고 있습니다. 8세 이하 자녀를 둔 부모의 약 86%가 자녀 사진을 인터넷에 노출했다는 조사 결과도 있습니다."

선생님이 화면에 도표를 띄우셨다.

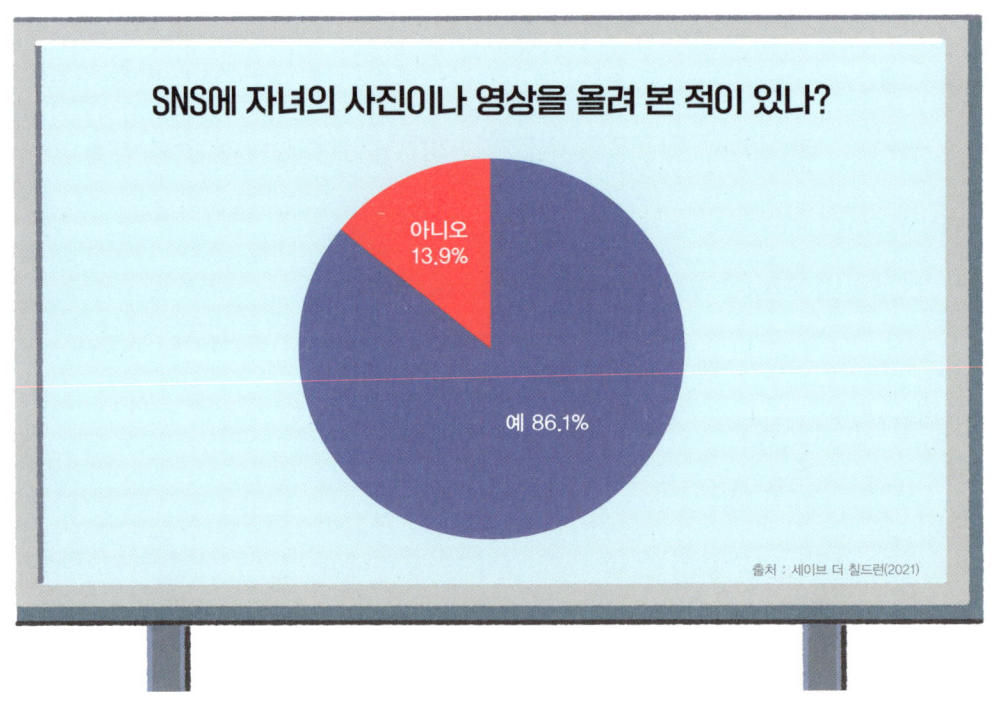

"와, 정말 많은 부모님이 자식 사진을 올려서 놀랐어요."

숫자로 확인하니 그 심각성이 느껴져 아이들이 여기저기서 수군댔다.

 "저희 엄마는 제 사진을 자주 올리고 제가 지워 달라고 해도 '귀엽다'면서 지워 주지 않아요. 제 사진인데 제 마음대로 못 지워서 화가 나요."

재하는 입술을 꼭 깨물었다.

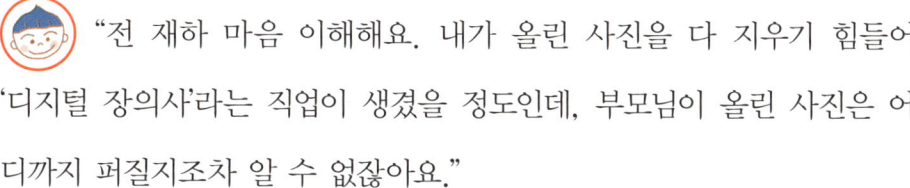"전 재하 마음 이해해요. 내가 올린 사진을 다 지우기 힘들어 '디지털 장의사'라는 직업이 생겼을 정도인데, 부모님이 올린 사진은 어디까지 퍼질지조차 알 수 없잖아요."

"디지털 장의사?"

낯선 단어에 반 아이들이 고개를 갸웃거렸다.

"응, 죽은 사람이 살아 있을 당시 인터넷에 남긴 흔적을 지우는 직업이야. 내가 관심 있는 직업이라 잘 알아. 사람들의 잊힐 권리를 지켜 주지."

친구들의 관심을 받은 도현이의 목소리가 커졌다.

도현이는 끔찍하다는 듯 어깨를 부르르 떨었다.

"더 큰 문제는 SNS에 올라간 어린이 사진이 범죄에 이용될 수도

> **지식 플러스**
>
> ## 디지털 장의사
>
> 세상을 떠난 사람들이 생전에 인터넷에 남긴 흔적인 '디지털 유산'을 청소해 주는 직업입니다. 온라인에서의 인생을 지워 주기 때문에 디지털 장의사라 불리지요. 대표적인 온라인 상조회사인 미국의 라이프인슈어드닷컴은 회원이 죽으면 인터넷 정보를 어떻게 처리할지에 대해 적은 유언을 확인하고, 고인의 '흔적 지우기'에 들어갑니다. 페이스북 등에 올려 둔 사진을 삭제하는 것은 물론, 회원이 다른 사람 페이지에 남긴 댓글까지도 일일이 찾아 지워 줍니다.

> **용어 정리**
>
> **잊힐 권리(the right to be forgotten):** 인터넷에 올라온 개인의 사진이나 거래 정보 또는 개인 정보에 대해 유통 기한을 정하거나 이를 삭제, 수정, 영구적인 파기를 요청할 수 있는 권리 개념을 말해요.

있다는 점이에요. 실제로 호주의 사이버안전위원회가 조사해 보니 호주 소아성도착증 범죄 사이트에서 발견한 사진 절반가량이 SNS에서 가져온 사진이었다고 해요."

 "맞아요. 다국적 금융회사 바클리스는 '2030년 신원 도용 범죄 가운데 3분의 2가 셰어런팅으로 인해 발생할 것'이라고 말했어요. 부모님이 지금 올린 아이들의 기이한 행동, 병에 관한 이력들이 입시, 취업, 결혼을 앞둔 자녀에게 불리하게 작용할 수도 있죠."

최공평 선생님이 설명하셨다.

지식 플러스 — 아이 사진을 무단으로 올리면 처벌할 수 있을까요?

아동복지법 제17조는 '아동에게 성적 수치심을 주는 행위', '아동의 정신건강에 해를 끼치는 행위'를 금지하도록 규정해 두었습니다. 이 법에 따라 부모가 자녀의 나체 사진을 온라인상에 공유하는 것은 처벌할 수 있지만, 일반적인 사진을 올리는 것을 규제할 기본 원칙과 제도는 미비한 실정이에요. 아동의 개인정보 또한 수집 시 법정 대리인이 동의해야 하지만 이를 통제하기 위한 수단은 없습니다.

외국의 경우, 프랑스에선 부모가 자녀의 동의 없이 자녀의 사진을 SNS에 올리면 최대 징역 1년 및 약 6,000만 원 상당의 벌금을 물어야 합니다. 베트남에서는 2018년부터 부모가 만 7세 이하 자녀의 동의 없이 자녀의 사진을 SNS에 올리면 약 260만 원의 벌금형에 처하도록 했지요.

"그러니 부모님이 올리지 않으려는 노력을 하셔야 하는 건 물론이고, 관련 법도 더욱 강화하면 좋겠어요."

도현이는 이 문제를 어떻게 해결하면 좋을지 조리 있게 설명했다.

"갈수록 활발한 토론을 벌이는 여러분이 자랑스럽네요."

선생님은 열띤 분위기를 반기며 미소 지었다.

"전 세계인이 SNS로 일상을 공유하는 시대인 만큼 부모의 아이 사진 공개를 무조건 막기는 힘들어요. 하지만 무분별한 셰어런팅을 이대로 내버려 둬서도 안 됩니다. 바람직한 셰어런팅을 위해 아이의 안전과 권리를 지키는 방법을 꼭 찾아야 합니다."

토론의 쟁점을 정리해 볼까요?

리아　 주원	재하　 도현
셰어런팅, 일상 공유일 뿐이다!	셰어런팅, 바람직하지 못하다!
부모님이 나쁜 의도로 사진을 올린 것은 아니다.	개인의 초상권 침해에 해당한다.
SNS로 일상을 공유하는 보편적인 모습이다.	범죄에 악용될 여지가 있다.

SNS에 자녀 사진을 올릴 때 염두에 두어야 할 사항

미국의 한 아동 채널에서는 SNS에 자녀 사진을 올릴 때 주의해야 할 다섯 가지 사항을 소개했습니다. 아이도 의사 결정권을 가진 독립된 존재라는 점을 인식하고, 사생활이 담긴 사진을 공개할 때는 혹시라도 일어날 수 있는 범죄 위험에 노출되지 않도록 보다 신중한 판단이 필요합니다.

1. 사진 공개 범위를 가족과 친척, 친구로 제한한다.

   ▶ 낯선 사람의 접근을 막을 수 있다.

2. 자녀의 신상 정보가 도용당하지 않도록 개인 정보 공개에 주의한다.

   ▶ 지나친 개인 정보 공개는 자칫 범죄의 표적이 될 수 있다.

3. 사진을 올리면서 기쁨과 슬픔, 외로움 등의 표현을 자제한다.

   ▶ 낯선 사람이 아이의 성격을 파악하고 접근할 수 있다.

4. 무엇보다 사진을 올릴 때는 사진을 찍은 위치가 드러나지 않도록 한다.

   ▶ 가정의 재정 상태, 아이의 동선까지 노출될 위험이 있다.

5. 비밀번호를 설정할 때는 해킹당하지 않도록 이름과 생일 등 쉽게 연상되는 것은 피한다.

   ▶ 비밀번호 유출은 범죄의 1차 타깃이 되는 치명적인 결과를 초래한다.

노키즈존, 꼭 필요할까?

"얘들아, 우리 이제 땡차 못 가는 거 알아?"

유나는 등교하자마자 발을 동동 굴렀다. 민주초등학교 학생들에게 인기 있는 장소인 땡차 카페 이야기에 교실이 조용해졌다.

"땡차라면 버블티 파는 곳이잖아."

"맞아, 어제부터 땡차가 노키즈존으로 바뀌었대."

유나는 다인이에게 투덜거렸다.

"나 땡차 엄청 좋아하는데, 어린이에겐 안 판다니 말도 안 돼."

"내가 어제 갔더니 노키즈존 팻말이 서 있더라. 그래서 직원에게 물어봤더니 초등학생은 안 된다고 나중에 중학생 되면 오래."

"뭐? 진짜 황당하다."

유나의 말을 들은 다인이 눈이 동그래졌다.

"아, 얼마 전에 땡차에서 사고 나서 그럴 거야."

서준이가 알은체하며 나섰다.

"사고?"

유나와 다인이가 동시에 물었다.

"응, 지난주 토요일에 어떤 유치원생이 땡차 직원이랑 부딪혀서 버블티를 뒤집어썼거든. 그 애 엄마가 엄청 화내서 직원이 세탁비랑 병원비 물어 줬대."

서준이는 신이 나서 자신의 목격담을 들려줬다.

"서준이 넌 땡차가 노키즈존 되는 게 별일 아닌 것처럼 말한다? 너도 어린이라 못 가게 된 셈인데 왜 그렇게 즐거워해?"

유나가 서준이에게 눈을 흘기며 말했다.

"누가 즐겁대? 그래도 우린 내년에 중학생이니까 조금만 참으면 되니 다행이지, 뭐."

서준이도 맞받아쳤다.

"중학생 될 때까지 기다려야 하는데 다행이라니. 넌 왜 땡차 측 입장에서 말해? 네가 땡차 주인도 아니면서."

평소 땡차를 좋아하던 다인이도 적잖이 속상한 듯 서준이에게 핀잔을 주었다.

"다인아, 서준이 말도 일리가 있어. 카페 주인이 자기가 운영하는 공간에 어린이가 출입하는 걸 금지하는데 우리가 어쩌겠어."

도현이가 점잖게 끼어들었다.

그때 최공평 선생님이 싱긋 웃으며 나타나셨다. 선생님은 먼저 반 전체 아이들의 반짝이는 눈을 휘휘 둘러보셨다.

"선생님도 땡차 좋아하는데, 우리 반에서 땡차 인기가 아주 높네요."

웅성대던 아이들이 선생님을 보고 자리로 돌아갔다.

"선생님, 몇몇 카페들의 노키즈존 운영은 불공평해요. 땡차가 어린이 모두를 싸잡아서 말썽을 일으키는 존재처럼 취급하는데, 그냥 둬야 하나요?"

유나가 속상한 어조로 말했다.

"그럼 다 같이 노키즈존에 대해 이야기해 볼까요? 요즘 점점 늘어나는 노키즈존, 이대로 좋은지 토론해 봅시다."

토론을 시작하기 전에!

노키즈존, 필요하다!

어린이 동반 고객으로 인해 식음료업계 매장 종사자의 84.3%가 '불편을 겪은 경험이 있다'고 답했습니다.

어린이 고객 때문에 불편 겪은 종업원 다수!

특히 어린이 동반 고객으로 인해 불편을 겪은 경험이 있는 종사자들은 그렇지 않은 사람보다 '노키즈존 매장 확산을 찬성한다'고 답변한 경우가 많았습니다.

찬성 64.3%
잘 모르겠다 22.2%
반대 17.8%

카페 종사자의 약 60%, 노키즈존 찬성!

노키즈존 매장 찬성 종업원들은 그 이유로(복수 응답), '에티켓을 지키지 않는 어린이 동반 고객을 상대해 봐서(60.4%)', '아이 우는 소리 등을 불편해하는 손님이 많아서(40.2%)', '아이들이 다칠 위험이 있어서(33%)' 등을 꼽았습니다.

에티켓을 지키지 않는 어린이 동반 고객 많아

노키즈존, 사라져야 한다!

서울 연남동의 한 카페 거리, 이 주변 노키즈존 카페 아홉 곳 가운데 절반 이상은 별도의 표시가 없었습니다. 홈페이지나 SNS에만 간단히 안내했을 뿐입니다.

한 아이의 부모는 "지도 앱에 검색해도 노키즈존이라고 나오지 않았다"며 "정보가 있으면 알아서 안 갈 텐데, 명시가 안 돼 있는 상황에서 거부당하면 기분이 좋지 않다"고 하소연했습니다.

노키즈존 제대로 명시하지 않은 곳도 있어

상황이 이렇다 보니, 일부 부모는 자발적으로 노키즈존 리스트를 만들어 온라인에서 공유하고 있습니다.
한편 노키즈존에 대한 여론이 뜨거워지자, 이른바 '예스키즈존'도 덩달아 주목받고 있습니다.

예스키즈존도 덩달아 주목받아

"유나야, 땡차를 비롯해서 노키즈존에 대한 네 생각을 먼저 말해 보겠니?"

선생님이 부드럽게 미소 지었다.

"저는 용돈을 받는 날엔 꼭 우리 동네 땡차에 가요. 버블티도 맛있고 분위기도 좋거든요. 어린이도 분위기 좋은 곳에 갈 권리가 있잖아요? 굳이 사고가 일어날까 봐 출입을 막는다면, 규칙을 지키지 않는 사람들의 출입을 막는 게 맞다고 봐요."

유나는 말하며 얼굴이 벌겋게 상기되었다. 무척 속상한 표정이었다.

"저도 유나와 함께 땡차에 다녀요. 저희 둘은 그곳에서 각자 음료를 시켜 놓고 가만히 앉아 수다만 떨죠. 모든 어린이가 말썽을 피우는 것도 아닌데, 단지 나이를 기준으로 카페 출입을 금지하니 억울합니다."

다인이 역시 유나의 주장을 거들었다.

 "반드시 억울하다고만 생각할 일은 아니죠."

서준이가 반론을 펼쳤다.

"전 며칠 전에 땡차에서 일어난 사고를 직접 보았어요. 그때 너무 소란스러워 카페에 있던 손님 대부분이 나갔지요. 저희 가족도 귀가 아파 버블티를 마시다 말고 집에 갔어요. 저도 어린이지만 어른보다 어린이가 말썽 부리는 경우는 더 많다고 봅니다. 그리고 주인에게는 자신이 운영하는 공간의 운영 방침을 정할 권리가 있습니다. 어느 조사 결과를 보니, 노키즈존에 찬성하는 국민들도 64.3%나 되었고요."

 "그건 네 이야기겠지. 네가 말썽을 부린다고 다른 애들도 전부 똑같은 줄 알아? 바로 너 같은 애 때문에 우리처럼 얌전한 아이들까지 피해를 본다고."

다인이가 빠르게 쏘아붙였다.

 "주다인, 너 말 다 했어? 그리고 누가 너더러 얌전하대!"

흥분한 서준이가 벌떡 일어서자 교실이 시끌시끌해졌다.

 "자, 다들 조용."

선생님이 어수선한 교실 한가운데로 걸어오셨다.

"토론 중에는 서로를 비방하면 안 됩니다. 주제와 상관없는 인신 공격은 삼가세요."

"네, 선생님."

서준이와 다인이는 서로를 노려보며 자리에 앉았다.

"그럼 차분하게 의견을 펼쳐 볼 다른 친구 있나요?"

"제가 해 보겠습니다."

선생님 말에 도현이가 손을 들었다.

"저도 어린이라 노키즈존이 불편합니다. 들어가고 싶은 곳에 갈 수 없으니까요. 하지만 어쩔 수 없다고 생각해요."

도현이가 조심스럽게 입을 열었다.

"카페 안에서 예의 없게 소리 지르거나 장식품을 망가뜨리는 어린이가 많으니까요. 다른 손님에게 피해를 주지 않으려면 어린이를 막을 수밖에 없지 않을까요? 예전에 카페 물컵에 소변을 본 아이 뉴스를 보고 깜짝 놀랐어요. 이런 일이 일어나면 당연히 노키즈존을 하고 싶을 거예요."

"으, 더러워."

도현이 말에 몇몇 친구들이 몸서리쳤다.

다인이가 반박했다.

"사실 아이는 잘 몰라서 그럴 수 있어요. 예절과 규칙을 제대로 알려 주지 않은 부모의 잘못이 더 크죠."

"토론은 객관적인 근거가 필요해요. 아무리 내가 어린이여도 무조건 어린이 편만 들면 안 되죠."

서준이가 한결 진정된 목소리로 말했다.

"노키즈존을 하면 가게 주인은 어린이 손님이 줄어들어 손해를 볼지도 몰라요. 그래도 몇몇 어린이 때문에 더 큰 피해를 입는 경우가 있으니 노키즈존을 만든 게 아닐까요?"

서준이가 고개를 갸웃거리자 선생님이 말씀하셨다.

"실제로 식당 종업원이 된장찌개를 쏟아 4세 아이가 화상을 입은 사건이 있었습니다. 법원은 이 식당이 피해자에게 치료비와 위자료 1170만 원가량을 지급하라고 판결했어요. 그 뒤로 여러 식당이 노키즈존을 선언했지요."

"선생님, 카페나 식당이 벌금이 높아서 어린이 출입을 금지했나요?"

유나가 큰 소리로 질문했다.

"벌금도 관련이 있습니다. 위 사건은 식당에게 70%의 책임을 물었고, 또 다른 사건이 일어난다면 이와 비슷한 결론이 날 확률이 높긴 합니다."

선생님의 설명에 아이들은 눈만 깜박였다.

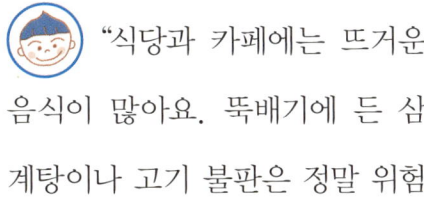"저는 노키즈존이 차별이라기보다 손님을 보호하는 안전 조치라고 생각해요."

고요한 교실에서 도현이가 입을 열었다.

"식당과 카페에는 뜨거운 음식이 많아요. 뚝배기에 든 삼계탕이나 고기 불판은 정말 위험

노키즈존, 허용할 수 있나?
- 허용할 수 있다 71%
- 허용할 수 없다 17%
- 모르겠다 12%

전국 성인 남녀 1,000명 대상
출처: 한국리서치

해요. 자칫 잘못하면 안전사고가 날 수도 있지요."

도현이는 반을 둘러보며 말을 이었다.

"찌개 사건의 보상금이 높은 이유는 아이가 심하게 다쳤기 때문이 아닐까요? 손님의 위험을 막으려 노키즈존을 만들 수밖에 없어요."

"듣고 보니 맞는 말 같아."

몇몇 아이들이 도현이 주장에 동의를 표시했다.

"아닙니다. 노키즈존은 엄연한 나이 차별입니다. 국가인권위원회는 2017년에 노키즈존은 차별이라고 발표했어요."

그때 다인이가 자리에서 일어났다.

"그리고 나이로 하는 차별은 어린이에서 끝나지 않아요. 어른에게까지 번지고 있어요. 노인, 심지어 40대 이상의 출입을 막는 상점까지 생겼다고요."

다인이는 예를 들며 주장을 이어갔다.

"저희 가족은 여름 방학 때 제주도에 갔습니다. 그때 어떤 숙소는 저희 아빠가 40살이 넘는다고 예약을 거절했어요. 그 게스트하우스는 노중년존이라고 하더라고요."

"노중년존?"

다인이 말에 아이들이 수군거렸다. 노키즈존은 들어 봤어도 노중년 존은 처음이었다.

"그 숙소에는 39세까지만 들어올 수 있대요. 저희 아빠가 그러는데, 49세 이상은 출입할 수 없는 호프집도 있대요."

다인이는 선생님의 말을 떠올리며 천천히 근거를 들었다.

"네, 노중년존도 실제로 있습니다. 40대 이상의 출입을 막는 캠핑장도 나타났죠."

"아니 캠핑에 나이가 무슨 상관이죠? 저희 아빠도 40대인데요."

> **지식 플러스**
>
> ### 노키즈존은 아동 차별! 하지만 법안 통과는 아직……
>
> 지난 2017년, 국가인권위원회는 누구든지 성별, 종교 또는 사회적 신분에 의하여 정치, 경제, 사회, 문화적 영역에 있어 차별을 받지 아니한다는 헌법 제11조, 합리적 이유 없이 차별을 금지하는 조항인 인권위법 제2조3호, 유엔아동권리위원회 '아동의 권리에 관한 협약'을 근거로 들어 노키즈존을 차별로 규정하여, 철회 권고를 내렸습니다. '영업의 자유가 무제한적으로 인정되는 것은 아니다'라고 본 것이지요.
>
> 하지만 이는 강제력이 없는 권고여서 노키즈존에 대한 갈등을 해결할 수는 없습니다. 18세 미만 아동의 권리를 명시한 유엔 아동권리협약에는 '아동은 휴식과 여가를 즐기고 나이에 맞는 놀이와 오락활동, 문화예술 활동에 자유롭게 참여할 수 있는 권리를 가진다'라고 명시되어 있습니다.
>
> 지난 2006년 인권위 권고에 따라 정부가 국회에 차별금지법안을 제출했지만, 오랫동안 국회 문턱을 넘지 못하고 있습니다. 만약 차별금지법이 시행된다면 '노중년존', '노키즈존' 등이 차별로 분류돼 운영자는 시정명령을 받고, 불이행시에는 이행강제금을 내게 되지요. 또 피해자는 법률 구조 등의 지원을 받을 수도 있습니다.

선생님 말에 반 아이들이 여기저기서 떠들었다. 노키즈존 이야기는 금세 노중년존으로 번졌다.

"어린이는 어려서 안 되고, 나이 들면 늙어서 안 되고. 나이가 잘못인 세상이 된 것 같습니다."

"맞아요. 노키즈존을 지지하는 어른도 예전에 어린이였을 텐데요. 또, 나이 들면 누구나 중년이 되는데 노중년존을 만들다니……."

유나는 말하다 말고 한숨을 내쉬었다.

"문제는 나이가 아니라 문제 행동입니다. 나이를 기준으로 제한할 것이 아니라, 하지 말아야 할 행동을 정확히 알려 줘야 합니다. 어린이도 지켜야 할 규칙을 명확히 안다면 문제 행동을 하지 않을 거예요."

"문제 행동을 하는 어린이를 잘 타이르고 가르치면 될 텐데 아예 가게에서 내쫓아버리면 매너를 배울 기회조차 사라져 버릴 거예요. 세대가 달라도 조금씩 양보하고 배려하고 기회를 준다면 이 문제는 사라질 거라고 생각해요."

유나는 창밖의 땡차 카페를 쳐다보았다. 가장 좋아하는 카페에서 출입 금지를 당해 서글픈 눈치였다.

"선생님 역시 노키즈존 정책으로 입장 자체를 제한하는 것이 최고의 수단은 아니라고 생각해요. 우리 어른들은 어린이들을 사회의 구성원으로 길러 내야 할 의무가 있어요. 사회가 공유하는 규범을 이해하고 나아가 사회 집단 안에서 살아가는 방법을 익힐 수 있도록 도와야 하지요. 카페 같은 공간을 운영하는 사람들이 입을 수 있는 불이익이나 어른들의 불편함 때문에 어린이들을 무조건 막을 게 아니라 어린이들이 공동체 안에서 규칙을 배울 수 있도록 도와주는 것이 바람직한 방향일 듯하네요."

최공평 선생님은 시무룩한 유나를 위로하며 토론을 마무리 지었다.

토론의 쟁점을 정리해 볼까요?

 서준 도현    유나 다인

노키즈존, 운영하는 이유가 있다!	노키즈존, 부당하다!
영업자의 경제적 이익을 보호하기 위한 조치다.	문제 행동을 하지 않는 어린이의 권리와 자유까지 제한한다.
안전과 관리를 위해서는 불가피한 측면이 있다.	차별 문화를 확산한다.